KB266024

다락원

일본어 독해

古賀万紀子 · 青木優子 공저

초급에서 중급으로

다락원

2nd Edition 다락원

일본어 독해

초급에서 중급으로

지은이 古賀万紀子 · 青木優子
펴낸이 정규도
펴낸곳 (주)다락원

1판 1쇄 발행 2012년 8월 17일
2판 1쇄 발행 2026년 1월 30일

편집장 송화록
편집 신선정, 이지현
디자인 장미연(표지), 이다래, 황미연

다락원 경기도 파주시 문발로 211
내용문의: (02)736-2031 내선 460~465
구입문의: (02)736-2031 내선 250~252
Fax: (02)732-2037
출판등록 1977년 9월 16일 제406-2008-000007호

Copyright © 2026, 古賀万紀子 · 青木優子

ISBN 978-89-277-1324-1 14730
     978-89-277-1322-7 (set)

http://www.darakwon.co.kr

- 다락원 홈페이지를 방문하시면 상세한 출판 정보와 함께 동영상 강좌, MP3 자료 등 다양한 어학 정보를 얻으실 수 있습니다.
- 독해 본문 및 회화 해석, MP3는 다락원 홈페이지 학습자료실에서 다운로드 받으실 수 있습니다.

・・・・・

本書は、初級段階の日本語学習を終え、中級に進む学習者のための総合型読解用教科書です。読むことに加え、本文の中で新しい文型や語彙を学び、書く練習や聞く練習を通してそれを身につけることを目指しています。

各課のトピックには、学習者の関心を引くために幅広い内容を取り入れました。課の配列は、身近なテーマからより社会的なテーマへと構成していますが、授業の目的やカリキュラムに応じて、どの課からでも使用できます。

文型や語彙には韓国語での説明や対訳を付けたので、初級を終えたばかりの人もそれを参考にしながら問題に取り組むことができます。また、会話文では友人や同僚同士のやりとりを想定し、話し言葉やくだけた表現も多く取り入れています。

本書が、韓国の日本語教育の一助となることを願っています。最後に、本書の編集・出版にあたりご尽力いただいた多楽園の皆様に、心より感謝申し上げます。

본 교재는 초급 단계의 일본어 학습을 끝내고 중급으로 나아가는 학습자를 위한 종합형 독해 교재입니다. 읽는 것에 더하여, 본문 안에서 새로운 문형이나 어휘를 공부하고, 쓰는 연습이나 듣는 연습을 통해 그것을 익히는 것을 목적으로 하고 있습니다.

각 과의 토픽에는 학습자의 관심을 끌기 위해서 폭넓은 테마를 도입하였습니다. 과의 배열은 우리 생활과 가까운 테마부터 보다 사회적인 테마로 구성하고 있습니다만, 수업의 목적이나 커리큘럼에 맞추어 어느 과부터든 사용할 수 있습니다.

문형이나 어휘에는 한국어로 된 설명이나 대역을 달았기 때문에, 초급을 이제 막 마친 학습자도 그것을 참고로 하면서 문제에 임할 수 있습니다. 또한 회화문에서는 친구나 동료끼리의 대화를 상정하여 회화체나 반말체 표현도 많이 사용하고 있습니다.

본서가 한국 학습자들의 일본어 학습, 그리고 일본어 교육에 있어서 일조가 되기를 바랍니다. 마지막으로 본서의 편집·출판에 있어 힘써 주신 다락원의 관계자 여러분께 진심으로 감사드립니다.

2026年 1月
著者一同

차례

「다락원 일본어 독해 -초급에서 중급으로-」는 총 20과로 구성되어 있으며, 각 과는 주요문형/
본문/독해문제/문형연습/연습문제/회화로 이루어져 있습니다.

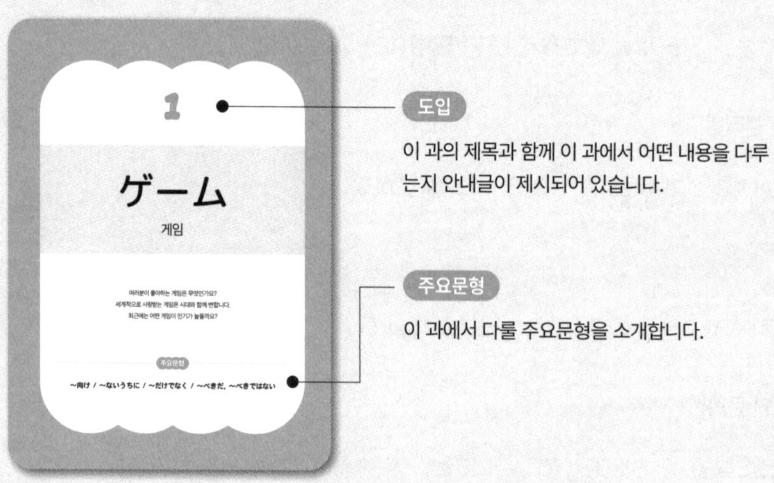

도입

이 과의 제목과 함께 이 과에서 어떤 내용을 다루
는지 안내글이 제시되어 있습니다.

주요문형

이 과에서 다룰 주요문형을 소개합니다.

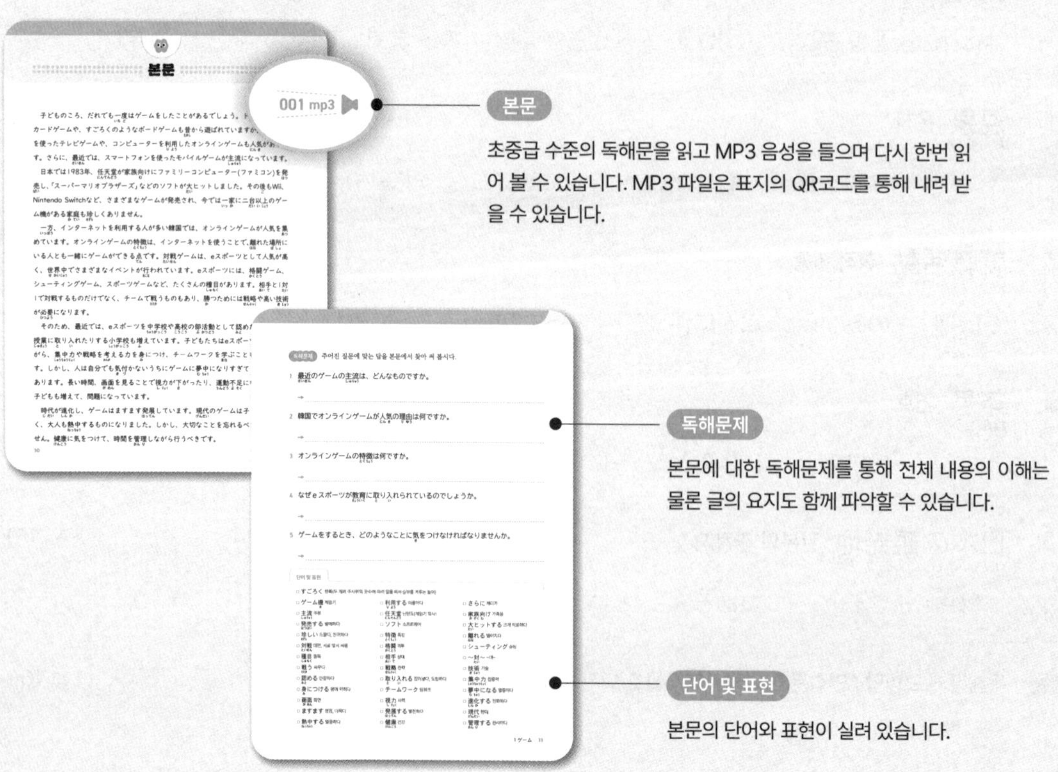

본문

초중급 수준의 독해문을 읽고 MP3 음성을 들으며 다시 한번 읽
어 볼 수 있습니다. MP3 파일은 표지의 QR코드를 통해 내려 받
을 수 있습니다.

독해문제

본문에 대한 독해문제를 통해 전체 내용의 이해는
물론 글의 요지도 함께 파악할 수 있습니다.

단어 및 표현

본문의 단어와 표현이 실려 있습니다.

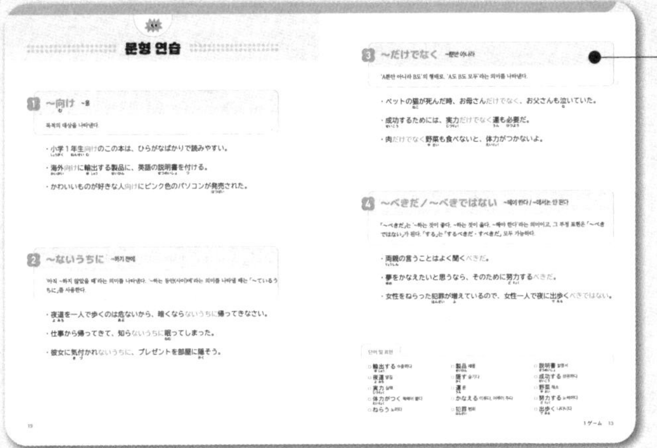

초중급 수준에 해당하는 일본어능력시험 N3~N2문형을 본문에서 뽑아 설명하고 있습니다. 여러 예문을 통해 문형의 쓰임새를 이해할 수 있습니다.

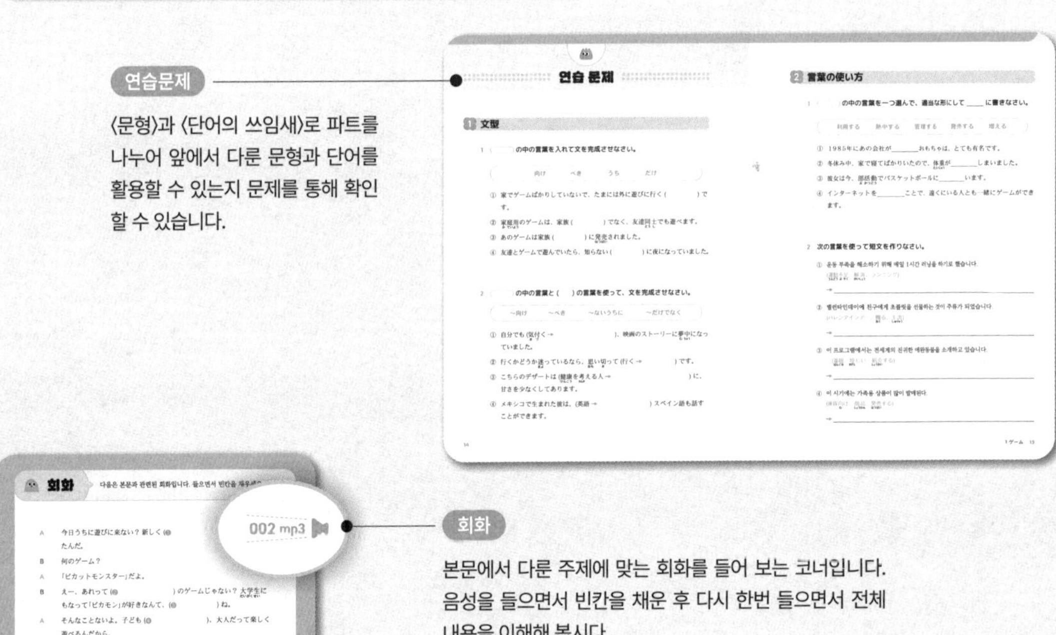

〈문형〉과 〈단어의 쓰임새〉로 파트를 나누어 앞에서 다룬 문형과 단어를 활용할 수 있는지 문제를 통해 확인할 수 있습니다.

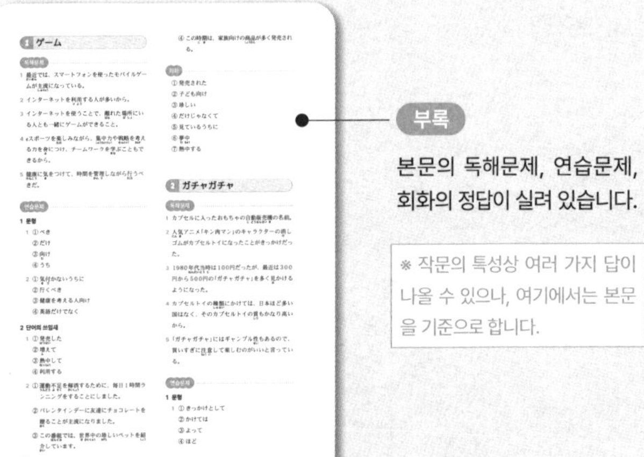

본문에서 다룬 주제에 맞는 회화를 들어 보는 코너입니다. 음성을 들으면서 빈칸을 채운 후 다시 한번 들으면서 전체 내용을 이해해 봅시다.

부록

본문의 독해문제, 연습문제, 회화의 정답이 실려 있습니다.

※ 작문의 특성상 여러 가지 답이 나올 수 있으나, 여기에서는 본문을 기준으로 합니다.

1

ゲーム

게임

여러분이 좋아하는 게임은 무엇인가요?
세계적으로 사랑받는 게임은 시대와 함께 변합니다.
최근에는 어떤 게임이 인기가 높을까요?

주요문형

〜向け / 〜ないうちに / 〜だけでなく / 〜べきだ, 〜べきではない

001 mp3

　子どものころ、だれでも一度はゲームをしたことがあるでしょう。トランプなどのカードゲームや、すごろくのようなボードゲームも昔から遊ばれていますが、ゲーム機を使ったテレビゲームや、コンピューターを利用したオンラインゲームも人気があります。さらに、最近では、スマートフォンを使ったモバイルゲームが主流になっています。

　日本では1983年、任天堂が家族向けにファミリーコンピューター(ファミコン)を発売し、「スーパーマリオブラザーズ」などのソフトが大ヒットしました。その後もWii、Nintendo Switchなど、さまざまなゲームが発売され、今では一家に二台以上のゲーム機がある家庭も珍しくありません。

　一方、インターネットを利用する人が多い韓国では、オンラインゲームが人気を集めています。オンラインゲームの特徴は、インターネットを使うことで、離れた場所にいる人とも一緒にゲームができる点です。対戦ゲームは、eスポーツとして人気が高く、世界中でさまざまなイベントが行われています。eスポーツには、格闘ゲーム、シューティングゲーム、スポーツゲームなど、たくさんの種目があります。相手と1対1で対戦するものだけでなく、チームで戦うものもあり、勝つためには戦略や高い技術が必要になります。

　そのため、最近では、eスポーツを中学校や高校の部活動として認めたり、学校の授業に取り入れたりする小学校も増えています。子どもたちはeスポーツを楽しみながら、集中力や戦略を考える力を身につけ、チームワークを学ぶこともできるのです。しかし、人は自分でも気付かないうちにゲームに夢中になりすぎてしまうこともあります。長い時間、画面を見ることで視力が下がったり、運動不足になったりする子どもも増えて、問題になっています。

　時代が進化し、ゲームはますます発展しています。現代のゲームは子どもだけでなく、大人も熱中するものになりました。しかし、大切なことを忘れるべきではありません。健康に気をつけて、時間を管理しながら行うべきです。

1 最近のゲームの主流は、どんなものですか。
さいきん　　　　　　しゅりゅう

　　→ --

2 韓国でオンラインゲームが人気の理由は何ですか。
　　　　　　　　　　　　　　にんき　　りゆう

　　→ --

3 オンラインゲームの特徴は何ですか。
　　　　　　　　　　　とくちょう

　　→ --

4 なぜeスポーツが教育に取り入れられているのでしょうか。
　　　　　　　　　　きょういく　と　い

　　→ --

5 ゲームをするとき、どのようなことに気をつけなければなりませんか。
　　　　　　　　　　　　　　　　　　　　き

　　→ --

단어 및 표현

- すごろく 쌍륙(두 개의 주사위의 끗수에 따라 말을 써서 승부를 겨루는 놀이)

ゲーム機 게임기	利用する 이용하다	さらに 게다가
主流 주류	任天堂 닌텐도(게임기 회사)	家族向け 가족용
発売する 발매하다	ソフト 소프트웨어	大ヒットする 크게 히트하다
珍しい 드물다, 진귀하다	特徴 특징	離れる 떨어지다
対戦 대전, 서로 맞서 싸움	格闘 격투	シューティング 슈팅
種目 종목	相手 상대	～対～ ~대~
戦う 싸우다	戦略 전략	技術 기술
認める 인정하다	取り入れる 집어넣다, 도입하다	集中力 집중력
身につける 몸에 익히다	チームワーク 팀워크	夢中になる 열중하다
画面 화면	視力 시력	進化する 진화하다
ますます 점점, 더욱더	発展する 발전하다	現代 현대
熱中する 열중하다	健康 건강	管理する 관리하다

1 ～向け　~용
む

목적의 대상을 나타낸다.

・小学１年生向けのこの本は、ひらがなばかりで読みやすい。
　しょうがく　ねんせい む

・海外向けに輸出する製品に、英語の説明書を付ける。
　かいがい　ゆしゅつ　せいひん　　せつめいしょ　つ

・かわいいものが好きな人向けにピンク色のパソコンが発売された。
　　　　　　　　　　　　　　　　　　　　　　　　はつばい

2 ～ないうちに　~하기 전에

'아직 ~하지 않았을 때'라는 의미를 나타낸다. '~하는 동안(사이)에'라는 의미를 나타낼 때는 「～ているうちに」를 사용한다.

・夜道を一人で歩くのは危ないから、暗くならないうちに帰ってきなさい。
　よみち　　　　　　　　あぶ

・仕事から帰ってきて、知らないうちに眠ってしまった。
　　　　　　　　　　　　　　　　ねむ

・彼女に気付かれないうちに、プレゼントを部屋に隠そう。
　　　きづ　　　　　　　　　　　　　　かく

3 ～だけでなく　　~뿐만 아니라

'A뿐만 아니라 B도'의 형태로, 'A도 B도 모두'라는 의미를 나타낸다.

・ペットの猫が死んだ時、お母さんだけでなく、お父さんも泣いていた。

・成功するためには、実力だけでなく運も必要だ。

・肉だけでなく野菜も食べないと、体力がつかないよ。

4 ～べきだ ／ ～べきではない　　~해야 한다 / ~해서는 안 된다

「～べきだ」는 '~하는 것이 좋다, ~하는 것이 옳다, ~해야 한다'라는 의미이고, 그 부정 표현은 「～べきではない」가 된다. 「する」는 「するべきだ・すべきだ」 모두 가능하다.

・両親の言うことはよく聞くべきだ。

・夢をかなえたいと思うなら、そのために努力するべきだ。

・女性をねらった犯罪が増えているので、女性一人で夜に出歩くべきではない。

□ 輸出する 수출하다	□ 製品 제품	□ 説明書 설명서
□ 夜道 밤길	□ 隠す 숨기다	□ 成功する 성공하다
□ 実力 실력	□ 運 운	□ 野菜 채소
□ 体力がつく 체력이 붙다	□ かなえる 이루다, 이루어 주다	□ 努力する 노력하다
□ ねらう 노리다	□ 犯罪 범죄	□ 出歩く 나다니다

1 文型

1　の中の言葉を入れて文を完成させなさい。

> 向け　　べき　　うち　　だけ

① 家でゲームばかりしていないで、たまには外に遊びに行く（　　　　）です。

② 家庭用のゲームは、家族（　　　　）でなく、友達同士でも遊べます。

③ あのゲームは家族（　　　　）に発売されました。

④ 友達とゲームで遊んでいたら、知らない（　　　　）に夜になっていました。

2　の中の言葉と（　　）の言葉を使って、文を完成させなさい。

> 〜向け　　〜べき　　〜ないうちに　　〜だけでなく

① 自分でも（気付く　➡　　　　　　　　）、映画のストーリーに夢中になっていました。

② 行くかどうか迷っているなら、思い切って（行く　➡　　　　　）です。

③ こちらのデザートは（健康を考える人　➡　　　　　　　）に、甘さを少なくしてあります。

④ メキシコで生まれた彼は、（英語　➡　　　　　　　）スペイン語も話すことができます。

1 ◯◯◯◯ の中の言葉を一つ選んで、適当な形にして _____ に書きなさい。

> 利用する　　熱中する　　管理する　　発売する　　増える

① 1985年にあの会社が________おもちゃは、とても有名です。

② 冬休み中、家で寝てばかりいたので、体重（たいじゅう）が________しまいました。

③ 彼女は今、部活動（ぶかつどう）でバスケットボールに________います。

④ インターネットを________ことで、遠くにいる人とも一緒にゲームができます。

2 次の言葉を使って短文を作りなさい。

① 운동 부족을 해소하기 위해 매일 1시간 러닝을 하기로 했습니다.
(運動不足（うんどうぶそく）、解消（かいしょう）、ランニング)

→ ____

② 밸런타인데이에 친구에게 초콜릿을 선물하는 것이 주류가 되었습니다.
(バレンタインデー、贈る（おく）、主流（しゅりゅう）)

→ ____

③ 이 프로그램에서는 전세계의 진귀한 애완동물을 소개하고 있습니다.
(番組（ばんぐみ）、珍しい（めずら）、紹介する（しょうかい）)

→ ____

④ 이 시기에는 가족용 상품이 많이 발매된다.
(家族向け（む）、商品（しょうひん）、発売する（はつばい）)

→ ____

002 mp3

A 今日うちに遊びに来ない？ 新しく (❶) ゲーム、買っ
たんだ。

B 何のゲーム？

A 「ピカットモンスター」だよ。

B えー、あれって (❷) のゲームじゃない？ 大学生に
もなって「ピカモン」が好きなんて、(❸) ね。

A そんなことないよ。子ども (❹)、大人だって楽しく
遊べるんだから。

B でも、みゆきがゲームをしている間、みんなは勉強しているんじゃない？

A そう言うナオミだって、本当はゲーム好きでしょう。

B あ、知ってた？ 最近、「デジタルアニマル」のゲームを弟が買ってきた
の。それを (❺)、おもしろくなっちゃって。

A やり始めると、時間を忘れて (❻) になっちゃうよね。

B うん。でも、疲れている時もついゲームをしちゃって、最近ちょっと
寝不足なんだ。

A ゲームに (❼) のもいいけど、夜はちゃんと眠らない
と、健康に悪いわよ。

B わかってるよ。
で、今日はみゆきの家にゲームしに行っていいんでしょう？

2

ガチャガチャ

캡슐 토이

여러분은 캡슐 토이를 뽑아 본 적이 있나요?
캡슐 토이는 전 세계에 있지만 일본의 캡슐 토이는 그 종류가 풍부하고
질이 좋아 외국인에게도 인기가 있습니다.
일본 캡슐 토이의 시작과 그 특징에 대해 알아봅니다.

주요문형

**～をきっかけに・～をきっかけとして / ～ほど～はない・
～くらい～はない / ～にかけては / ～によって**

003 mp3

「ガチャ」、「ガチャガチャ」、「ガチャガチャポン」と聞いて、みなさんは何の音だと思いますか。ドアノブを回す音、かぎを開ける音、ドアが開いて何かが飛び出す音などをイメージする人が多いかもしれません。これらは、カプセルに入ったおもちゃの自動販売機の名前です。お金を入れて、レバーを回すと、「ガチャガチャ」と音がして、「ポン」とカプセルが出てくるので、このような名前が付けられました。

「ガチャガチャ」は、1965年にアメリカから輸入され、1980年代に人気アニメ「キン肉マン」のキャラクターの消しゴムがカプセルトイになったのをきっかけとして、日本全国に広まりました。当時は、消しゴムが三つ入って100円でした。最近は、カプセルトイによって値段は違いますが、300円から500円の「ガチャガチャ」を多く見かけるようになりました。

「ガチャガチャ」は、日本だけでなく、世界中にありますが、カプセルトイの種類にかけては、日本ほど多い国はないでしょう。毎月250種類以上の新しいカプセルトイが発売されると言われており、そのカプセルトイの質もかなり高いです。そのため、「ガチャガチャ」は、日本に来る観光客のお土産としても人気があります。特に、食品のミニチュアや、アニメやゲームのキャラクターなどの「ガチャガチャ」をする人が多いようです。

「ガチャガチャ」は、カプセルを開けるまで何が出るかわからないという期待感もありますし、同じシリーズのカプセルトイを集められるという楽しみもあります。また、金額もそれほど高くないので、気軽に利用することもできます。しかし、ほしいカプセルトイが出るまで「ガチャガチャ」をしつづける人もいて、ギャンブル性もあります。他の人が持っているカプセルトイと交換したり、いらないカプセルトイを売ったりすることができるサイトもありますが、買いすぎに注意して楽しむのがいいでしょう。

 주어진 질문에 맞는 답을 본문에서 찾아 써 봅시다.

1 「ガチャ」「ガチャガチャ」「ガチャガチャポン」とは何ですか。

→ ____

2 「ガチャガチャ」が日本全国に広まったきっかけは何でしたか。

→ ____

3 「ガチャガチャ」を1回する時の値段は、1980年代と最近とで、どのように変わりましたか。

→ ____

4 なぜ「ガチャガチャ」は、日本に来る観光客のお土産としても人気がありますか。

→ ____

5 「ガチャガチャ」をする時、どんなことに気をつけた方がいいと言っていますか。

→ ____

단어 및 표현

- □ ドアノブ 문손잡이
- □ イメージする 상상하다, 연상하다
- □ レバー 레버
- □ きっかけ 계기
- □ 値段 가격
- □ 発売する 발매하다
- □ お土産 기념품, 선물
- □ 期待感 기대감
- □ 気軽に 가볍게
- □ 交換する 교환하다

- □ 回す 돌리다
- □ カプセル 캡슐
- □ 輸入する 수입하다
- □ 広まる 넓어지다, 널리 퍼지다
- □ 見かける 가끔 보다
- □ 質 질
- □ 食品 식품
- □ シリーズ 시리즈
- □ 利用する 이용하다

- □ 飛び出す 튀어나오다
- □ 自動販売機 자동판매기
- □ キャラクター 캐릭터
- □ 当時 당시
- □ 種類 종류
- □ 観光客 관광객
- □ ミニチュア 미니어처, 작은 모형
- □ 金額 금액
- □ ギャンブル性 도박성

1 〜をきっかけに・〜をきっかけとして　~을 계기로 · ~을 계기로 해서

행동이나 사건의 원인, 동기에 대해 말할 때 쓴다.

・山口さんと知り合いになったのをきっかけとして、日本に関心を持つように
なった。

・テレビの旅行番組をきっかけとして、旅行の計画を考えるようになった。

・授業でロシアの歴史を習ったのをきっかけに、ロシア語を勉強することにした。

2 〜ほど〜はない・〜くらい〜はない　~만큼 ~은 없다

'~은 가장(최고로) ~하다'라고 강조해서 말할 때 쓴다. 주로 주관적인 의견을 나타낸다.

・タバコほど体に悪いものはない。

・兄くらい心の広い人はいない。

・休みの日に好きなだけ寝られるほど幸せなことはない。

3 〜にかけては　　~에 있어서는

'~만큼은 능력이나 소질이 다른 사람보다 뛰어나다'라고 표현할 때 쓴다.

・日本語にかけては、彼より上手な人はこのクラスにいないだろう。

・仕事の速さにかけては、川野さんが一番だ。

・勘の良さにかけては、自分でも自信がある。

4 〜によって　　~로, ~로써

'~의 방법으로, ~의 수단으로'라고 할 때 쓴다. 앞말이 구체적인 사물일 경우에는 「〜によって」가 아니라 「〜で」를 쓰는 경우가 많다.

・留学生活によって、多くの経験をしました。

・会話試験によって学生たちの日本語能力をチェックする。

・テクノロジーの発達によって、生活が便利になった。

- 知り合いになる 서로 알게 되다
- 授業 수업
- 幸せな 행복한
- 経験 경험
- 発達 발달
- 関心 관심
- 歴史 역사
- 勘 직감으로 깨닫는 능력, 육감
- 能力 능력
- 計画 계획
- 休みの日 휴일
- 自信 자신(감)
- テクノロジー 과학 기술

1 文型

1 （　　　　　）の中の言葉を入れて文を完成させなさい。

> きっかけとして　　　ほど　　　かけては　　　よって

① 「ガチャガチャ」は、人気アニメのキャラクターの消しゴムがカプセルトイになったのを（　　　　　）日本で広まった。

② 商品の種類に（　　　　　）この店が一番多い。

③ 商品に（　　　　　）金額は違うが、気軽に買えるものが多い。

④ 日本（　　　　　）「ガチャガチャ」が多い国はないだろう。

2 （　　　　　）の中の言葉と（　　）の言葉を使って、文を完成させなさい。

> ～をきっかけとして　　～ほど～はない　　～にかけては　　～によって

① ボランティアに（参加したこと ➡　　　　　　　　　　　　　　）
お年寄りにも優しくするようになった。

② （母の手料理 ➡　　　　　　　　　　　　）おいしいものはない。

③ （バイクの事故 ➡　　　　　　　　　　　　）左手をけがした。

④ （ワイン ➡　　　　　　　　　　　　）パクさんよりくわしい人はいない。

1 ⬭ の中の言葉を一つ選んで、適当な形にして＿＿＿ に書きなさい。

> イメージする　　飛び出す　　輸入する　　見かける　　交換する

① 「ガチャガチャ」という音を聞くと、ドアノブを回す音を＿＿＿＿＿人が多い。

② 先月、空港で「ガチャガチャ」をする外国人を＿＿＿＿＿。

③ レバーを回すと、カプセルトイが＿＿＿＿＿ので、驚いた。

④ ほしいカプセルトイを他の人と＿＿＿＿＿サイトがあるそうだ。

2 次の言葉を使って短文を作りなさい。

① 이 금액이라면 누구나 부담없이 살 수 있다. (金額、気軽に)

➡ ＿＿＿＿＿＿＿＿＿＿＿＿＿＿＿＿＿＿＿＿＿＿＿

② 이 자동판매기는 레버를 돌리면 캡슐이 나옵니다. (自動販売機、レバー、カプセル)

➡ ＿＿＿＿＿＿＿＿＿＿＿＿＿＿＿＿＿＿＿＿＿＿＿

③ 이 캐릭터 상품은 종류도 많고 질도 높아서 기대감이 커집니다.
(キャラクター、種類、質、期待感)

➡ ＿＿＿＿＿＿＿＿＿＿＿＿＿＿＿＿＿＿＿＿＿＿＿

④ 이 음식은 관광객이 기념품으로 자주 삽니다. (食品、観光客、お土産)

➡ ＿＿＿＿＿＿＿＿＿＿＿＿＿＿＿＿＿＿＿＿＿＿＿

004 mp3

A　ねえ、スーパーに新しいガチャガチャが入ってたの、見た？

B　え、スーパーって、駅前の？

A　そうそう。

B　へぇ。まだ見てない。何のガチャガチャ？

A　食品ミニチュアと、動物アニメを見たけど、他にも色々な
　　（❶　　　　　）がありそうだったよ。外国人（❷　　　　　）も来てた。

B　そうなんだ。外国人もガチャガチャをするんだね。

A　うん。この間テレビで見たけど、日本のガチャガチャには、
　　（❸　　　　　）のミニチュアがあっておもしろいっていうインタビューをさ
　　れた人が言ってたよ。（❹　　　　）も高くないから、（❺　　　　）楽
　　しめるって話してた。

B　たしかに、何が出るかわからないから、（❻　　　　）があって、わく
　　わくするよね。

A　そうそう。（❼　　　　　）は小さいから、スーツケースに入れて
　　持って帰るのも便利なんだって。

B　なるほどね。いい（❽　　　　）になるね。スーパーに、ミニカーのガ
　　チャガチャも入ってるといいな。ミニカーの（❾　　　　）、たくさん
　　あるから、集めるのも楽しいんだ。

A　じゃあ、一緒に行ってみよう！

3

オタク

오타쿠

도쿄 아키하바라는 다양한 취미를 가진 사람들이 모이는 '오타쿠의 성지'로 유명합니다.
여러분은 '오타쿠'라는 단어를 들으면 어떤 이미지가 떠오르나요?
또 오디쿠의 엉항력에는 이떤 것이 있올끼요?

주요문형

〜がち / 〜にしたがって / 〜ようがない / 〜せいで

005 mp3

　「オタク」という言葉から人々がまず連想するのは、まんがやアニメ、ゲームなどのサブカルチャーでしょう。このようなものに強い興味を持つ人のことをオタクと呼びますが、以前は彼らに対する偏見が強く、悪いイメージを持たれがちでした。しかし、最近では、自分が応援したいと思うアニメやゲームのキャラクター、アイドルを「推し」と呼び、「推し」を応援する「推し活」が社会にも認められるようになっています。

　また、今では日本のオタク文化は世界中に広まっており、まんがやアニメのファンがキャラクターの服装や髪型を真似する「コスプレ」のイベントが外国でも行われています。

　オタク文化が広まるにしたがって、オタクに対する人々のイメージも少しずつ変わってきています。オタクは、自分が興味を持ったことを追求する人とも言えます。好きなものについてくわしく、知識が多いという点も長所でしょう。また、推し活のためにお金をたくさん使う人が多く、経済的に見ても、その影響力の大きさは否定しようがないのです。

　一方で、オタクに対する偏見や悪いイメージもまだ強く残っています。自分の好きなものにしか興味を持たず、他の人とうまくコミュニケーションが取れない、部屋にひきこもってゲームばかりしている、何を考えているのかよくわからない、という印象を持つ人も多いでしょう。重大な事件を起こした犯人がゲームやまんがが好きだったという報道があり、そのせいでオタクのイメージが悪くなったこともあります。

　さまざまな趣味を持つ人をオタクという言葉でまとめてしまうことはできません。しかし、自分の好きなものを見つけ、興味を持つことはだれにでもあることですし、長い人生の中で、自分が夢中になれる趣味を持つのはいいことでしょう。オタクは理解できない、という偏見を持たずに、その人自身の個性や魅力を認めようとする姿勢を持つことが大切です。

1 オタクと呼ばれるのはどのような人ですか。

→

2 コスプレとは何ですか。

→

3 オタクが経済的に大きな影響力を持つのはなぜですか。

→

4 オタクのイメージが悪くなった原因の一つは何ですか。

→

5 自分と違う趣味や興味を持つ人と接する時に大切なこととは、どのようなことですか。

→

단어 및 표현

□ 連想する 연상하다	□ サブカルチャー 서브컬처	□ 興味 흥미
□ 以前 이전	□ ～に対する ~에 대한	□ 偏見 편견
□ 応援する 응원하다	□ キャラクター 캐릭터	□ 推し 최애, 가장 좋아하는 멤버
□ 推し活 팬 활동	□ 認める 인정하다	□ 広まる 넓어지다, 널리 퍼지다
□ ファン 팬	□ 服装 복장	□ 髪型 헤어 스타일
□ 真似する 흉내 내다	□ 行う 실시하다, 행하다	□ 追求する 추구하다
□ くわしい 자세하다, 잘 알다	□ 知識 지식	□ 長所 장점
□ 経済的な 경제적인	□ 影響力 영향력	□ 否定する 부정하다
□ 一方で 한편으로	□ コミュニケーション 커뮤니케이션	ひきこもる 틀어박히다
□ 印象 인상	□ 重大な 중대한	□ 事件 사건
□ 犯人 범인	□ 報道 보도	□ まとめる 한데 모으다, 정리하다
□ 人生 인생	□ 夢中になる 열중하다	□ 個性 개성
□ 魅力 매력	□ 姿勢 자세	

1 **〜がち** 자주 ~하다, ~하기 십상이다

'~로 되기 쉬운 경향이 있다, ~하기 십상이다, 그럴 가능성이 높다'라는 의미를 나타낸다.

・体が大きい人は力が強いと思われ**がち**だ。

・急に寒くなるこの季節は、風邪をひき**がち**だ。
　　きゅう　　　　　　　　き せつ

・料理をする時、あわてると失敗し**がち**だから、落ちつきなさい。
　　　　　　　　　　　　　しっぱい　　　　　　　　お

2 **〜にしたがって** ~함에 따라 (점차)

앞에 움직임을 나타내는 말이 오고, 그 움직임에 따른 변화를 이야기할 때 쓴다.

・森の中に入る**にしたがって**、視界が悪くなった。
　　もり　　　　　　　　　　　　　し かい

・気温が上がる**にしたがって**、体調をくずす人が増えてきた。
　　き おん　あ　　　　　　　　　　たいちょう　　　　　　　　　ふ

・年をとる**にしたがって**、あまり甘いものを食べなくなった。
　　とし

'도저히 ~할 방법이 없다'는 의미를 나타낸다.

・誕生日を忘れていたなんて、言い訳のし**ようがない**。
　たんじょう び　　　　　　　　　　　　　　　　　い　わけ

・私の知らないことについて聞かれても、答え**ようがない**。

・電話をかけても彼女が出てくれないので、謝り**ようがない**。
　　　　　　　　　　　　　　　　　　　　　あやま

4 **〜せいで**　~탓에

무언가 나쁜 일이 생겼을 때 그 원인을 나타내기 위해 쓴다.

・妹が寝坊した**せいで**、私まで学校に遅刻してしまった。
　　ね ぼう　　　　　　　　　　　　　　ち こく

・となりの家の工事の**せいで**、うるさくて眠れなかった。
　　　　　　こう じ　　　　　　　　　　　　ねむ

・彼女は、ダンスは得意だが、歌が下手な**せいで**、歌手になれなかった。
　　　　　　　　　とく い　　　　　　　　　　　　　　か しゅ

단어 및 표현

□ 急に 갑자기 　きゅう	□ 季節 계절 　き せつ	□ あわてる 당황하다
□ 失敗する 실패하다, 실수하다 　しっぱい	□ 落ちつく 진정하다, 차분하게 하다 　お	□ 森 숲 　もり
□ 視界 시야 　し かい	□ 気温 기온 　き おん	□ 体調をくずす 몸 상태가 나빠지다 　たいちょう
□ 年をとる 나이를 먹다 　とし	□ 言い訳 변명 　い わけ	□ 電話をかける 전화를 걸다 　でん わ
□ 電話に出る (걸려 온) 전화를 받다 　でん わ　で	□ 謝る 사과하다 　あやま	□ 寝坊する 늦잠 자다 　ね ぼう
□ 遅刻する 지각하다 　ち こく	□ 工事 공사 　こう じ	□ 得意な 잘하는, 능숙한 　とく い

1 文型

1 （＿＿＿）の中の言葉を入れて文を完成させなさい。

> がち　　　したがって　　　よう　　　せい

① オタクと呼ばれる人たちは、悪く思われ（　　　　）です。

② 世界中に広まったオタク文化の影響は否定し（　　　　）がなく、少しずつイメージが変わってきました。

③ 一部の事件の（　　　　）で、偏見を持つのはよくないことです。

④ 人々の見方が変わっていくに（　　　　）、オタクのいい点も認められるようになるでしょう。

2 （＿＿＿）の中の言葉と（　）の言葉を使って、文を完成させなさい。

> ～がち　　　～にしたがって　　　～ようがない　　　～せいで

① アメリカに来たばかりのころは、外国人ということで

　（差別する ➡　　　　　　　　　　）でした。

② あのドレスの美しさは、言葉で（表現する ➡　　　　　　　　　　）ほどでした。

③ 時代が（変化する ➡　　　　　　　　　　）、人々の生活も変わってきました。

④ 演技の最後で（失敗する ➡　　　　　　　　　　）、彼は金メダルを取ることができなかった。

1 ◯◯◯ の中の言葉を一つ選んで、適当な形にして ＿＿＿ に書きなさい。

対する　　　魅力　　　広まる　　　連想する　　　印象

① あまり人の悪口を言わないというのも、彼の＿＿＿＿の一つです。

② 日本食という言葉を聞くと、すしやてんぷらを＿＿＿＿人が多いでしょう。

③ 最近引っ越してきた家族に＿＿＿＿うわさが、近所に＿＿＿＿います。

④ 初めて会った時の＿＿＿＿だけで人を判断してはいけません。

2 次の言葉を使って短文を作りなさい。

① 컴퓨터를 잘 아는 사람을 찾고 있습니다만, 누군가 아는 사람은 없습니까?
(コンピューター、くわしい、探す、知り合い)

→ ＿＿＿＿＿＿＿＿＿＿＿＿＿＿＿＿＿＿＿＿＿＿＿＿＿＿

② 토요일까지 필요한 자료를 정리하고 과장님에게 메일로 보내 주십시오.
(資料、まとめる、課長)

→ ＿＿＿＿＿＿＿＿＿＿＿＿＿＿＿＿＿＿＿＿＿＿＿＿＿＿

③ 이 가게는 연예인의 영향력으로 이전보다 유명해졌습니다.
(芸能人、影響力、以前)

→ ＿＿＿＿＿＿＿＿＿＿＿＿＿＿＿＿＿＿＿＿＿＿＿＿＿＿

④ 그는 흥미를 가진 것을 추구하여 일에서 성공했습니다.
(興味、追求する、成功する)

→ ＿＿＿＿＿＿＿＿＿＿＿＿＿＿＿＿＿＿＿＿＿＿＿＿＿＿

006 mp3

A あの女の子、すごい服装してるな。髪も緑色だし。

B 本当だ。何かのコスプレでもしてるのか？

A そういえば、今年の夏に東京で開かれるコスプレのイベントは、かなり(❶　　　　　　) があるらしいよ。

B コスプレって聞くと、どうしてもセーラー服を着たあの (❷　　　　　)を (❸　　　　　　　) んだよな。

A あのアニメの人気はすごかったもんな。ストーリーが進む(❹　　　　　)、ファンがどんどん増えていった気がするよ。

B お前、なんだかくわしいけど、もしかして (❺　　　　　) なのか？

A 違うよ。妹がアニメを見てたんだ。

B ふーん。やっぱり妹もアニメを見て、(❻　　　　　　) してたの？

A ああ。服装や髪型だけじゃなく、ポーズも覚えてたよ。こうやって、手をこうして、こう動いて…。

B …楽しそうだな。お前がオタクでも、俺は偏見を持ったりしないよ。俺たち、友達じゃないか。

A 妹を見ていて覚えただけだよ！ でも俺はアニメもゲームも好きだし、オタクって言われると、(❼　　　　　　　) なぁ。

B もうわかったよ。いい加減、自分がオタクだって (❽　　　　　　) よ。

4

こぶとりじいさん

혹부리 영감

옛날이야기는 어느 나라든 내용적인 면에서는
차이가 있지만 이야기의 결론은 으레 비슷하기 마련입니다.
여기시는 일본의 옛날이야기 한 편을 읽어 보기로 합니다.

주요문형

～てしかたがない / ～だろう / ～たところ / ～なんか

007 mp3 ▶

　昔々ある所に、ほっぺたに大きいこぶのあるおじいさんが二人住んでいました。一人のおじいさんは、こぶのことは全然気にしていない、とても優しい人でした。もう一人のおじいさんは、こぶがとても気になってしかたがなく、いつも怒ってばかりいる意地悪な人でした。

　ある日、優しいおじいさんが、森で木を切っていると、急に雨が降り出しました。おじいさんは大きな木の下で雨宿りをしましたが、そのうちに眠ってしまいました。しばらくして雨が止むと、どこからかお祭りの音が聞こえてきました。目を覚ましたおじいさんは、音のする方へ行ってみました。すると、びっくり！ 鬼たちが輪になって歌い、踊っていたのです。

　最初は怖かったおじいさんも、しばらくすると怖さを忘れて踊り出してしまいました。おじいさんの踊りがとても上手なので、今度はそれを見た鬼たちが驚きました。「おお、何と楽しい踊りだろう！」と、鬼のリーダーも立ち上がって、おじいさんと夜明けまで踊り続けました。朝になると、鬼のリーダーは「おい、じいさん。今夜も踊りに来いよ。それまで、このこぶを預かっておくからな。えい！」と言って、おじいさんのこぶを取ってしまいました。

　村に帰ったおじいさんは、意地悪なおじいさんに昨夜の話をしました。意地悪なおじいさんは、自分も鬼にこぶを取ってもらおうと思い、夜になると森に出かけて行きました。しばらくすると、お祭りの音が聞こえてきました。おじいさんは踊っている鬼たちを見て、怖くなりました。しかし、こぶを取ってもらうために思い切って踊ろうとしたところ、足が震えておかしい踊りになってしまいました。「何だ？ あの踊りは！」と、鬼たちは怒り始めました。そして、鬼のリーダーが「こんな下手な踊りなんか見たくない。こぶは返してやるから、もう二度と来るな！」と言って、おじいさんのほっぺたにもう一つのこぶをつけてしまいました。それから、意地悪なおじいさんはこぶを二つつけて苦労したそうです。

1　二人のおじいさんの同じところと、違うところは何ですか。

→

2　優しいおじいさんは、鬼たちを見てどうしましたか。

→

3　優しいおじいさんはどうして鬼のリーダーにこぶを取ってもらえましたか。

→

4　意地悪なおじいさんは、優しいおじいさんの話を聞いて、どうしましたか。

→

5　意地悪なおじいさんは、最後にどうなりましたか。

→

단어 및 표현

- ほっぺた 볼, 뺨
- 気になる 신경 쓰이다
- 森 숲
- 雨宿りをする 비를 피하다
- 鬼 귀신, 도깨비
- 驚く 놀라다
- 預かる 맡다, 보관하다
- 返す 돌려주다

- こぶ 혹
- ～てばかりいる ~하고만 있다
- 急に 갑자기
- お祭り 축제
- 輪になる 원을 이루다
- 立ち上がる 일어나다
- 思い切って 과감히
- 苦労する 고생하다

- 気にする 신경 쓰다
- 意地悪な 심술궂은
- 降り出す 내리기 시작하다
- 目を覚ます 잠에서 깨다
- しばらくすると 얼마 지나자
- 夜明け 새벽
- 震える 떨리다

1 ～てしかたがない ~해서 어쩔 수가 없다, 너무 ~하다

어떤 감정이나 몸의 상태, 욕구 등이 너무 강하여 억누르지 못할 때 쓴다. 보통 화자의 기분에 대해서 쓴다.

・娘は、体育の授業がいや**でしかたがない**と言っている。

・希望した大学に合格できて、うれしく**てしかたがない**。

・冬休みに、沖縄に行きたく**てしかたがない**。

2 ～だろう ~인가

강하게 느낀 점이나 감동한 일에 대해 감정을 실어 말할 때 쓴다.

・うわあ、空は青いし、砂浜は白くて、なんてきれいな景色**だろう**。

・この映画を見た時、なんてつまらない話**だろう**と思いました。

・お金があって、恋人もいて、仕事も楽しくて、なんて幸せな人生**だろう**。

③ 〜たところ 〜했더니

'〜을 하니 〜했다, 〜을 하니 〜란 것을 알았다'라고 할 때 쓴다.

・就職について両親に相談したところ、父がアドバイスをくれた。

・新しいカメラを買いに行ったところ、思ったより値段が高くて
買えなかった。

・急いで課長に電話したところ、課長は別の電話で話し中だった。

④ 〜なんか 〜따위, 〜같은 건

무언가에 대해 대단하지 않다고 생각하는 기분이나 부정하는 마음을 나타낸다.

・こんな問題なんか、子どもでもすぐに終わるよ。

・健康にいいと言われても、にんじんなんか絶対に食べたくない。

・別れようって、そんな言葉なんか聞きたくない。

단어 및 표현

□ 体育 체육	□ 希望する 희망하다	□ 合格 합격
□ 砂浜 (해변의) 모래사장	□ 恋人 연인, 애인	□ 人生 인생
□ 就職 취직	□ アドバイス 어드바이스, 조언	□ 値段 가격
□ 急いで 서둘러	□ 健康 건강	□ 絶対に 절대로, 반드시

1 文型

1 ⬭⬭⬭ の中の言葉を入れて文を完成させなさい。

> しかたがない　　だろう　　ところ　　なんか

① お酒を飲みながら話すのは、なんて楽しいん (　　　　　)。

② あの人の顔 (　　　　　)、もう見たくない！

③ 昨日から、左足首が痛くて (　　　　　)。

④ デパートに買い物に行った (　　　　　)、ちょうどセールをしていた。

2 ⬭⬭⬭ の中の言葉と (　　) の言葉を使って、文を完成させなさい。

> 〜てしかたがない　　〜だろう　　〜たところ　　〜なんか

① テレビで紹介されたレストランに (行く → 　　　　　　　) すごく混んでいた。

② 父に、(歴史 → 　　　　　　　) 勉強しても役に立たないと言われた。

③ 自分が好きな仕事をするのは、なんて (楽しい → 　　　　　　　)。

④ ダイエット中だが、お菓子が (食べたい → 　　　　　　　)。

1 ⬭ の中の言葉を一つ選んで、適当な形にして _____ に書きなさい。

> 預かる　　苦労する　　意地悪な　　思い切って　　夜明け

① 母は若いころお金がなくて________そうです。

② 少し不安ですが、________留学することにしました。

③ 祭りの日は________まで、歌ったり踊ったりします。

④ 彼女はかわいいですが、少し________性格です。

2 次の言葉を使って短文を作りなさい。

① 도깨비가 일어나서 이쪽을 봤기 때문에 다리가 떨렸습니다. (鬼、立ち上がる、震える)

→ ____

② 일본인들이 즐거운 듯이 이야기하고 있었기 때문에 과감히 원 안으로(둥그렇게 모여 있는 곳으로) 들어갔습니다. (思い切って、輪)

→ ____

③ 비가 내리고 있었으므로, 새벽까지 비를 피했습니다. (夜明け、雨宿り)

→ ____

④ 형에게서 한 달간 아이를 맡았습니다만 고생했습니다. (1か月間、預かる、苦労する)

→ ____

008 mp3

A　こぶとりじいさんっていう日本の昔話、知ってる？

B　こぶとりじいさん？ 知らない。どんな話？

A　（❶　　　　　　）にこぶがある、優しいおじいさんと意地悪なおじいさんの話。

B　へぇ、おもしろそう。教えて。

A　昔、あるところに（❷　　　　　　）にこぶのあるおじいさんが二人住んでいたの。ある日、優しいおじいさんが、森で木を切っていると、雨が降ってきたんだって。それで、おじいさんが木の下で（❸　　　　　　）をしていると、どこからか祭りの音楽が聞こえてきたの。

B　へぇ、それで？

A　音楽のする方におじいさんが行って見てみると（❹　　　　）たちが、（❺　　　　）になって踊っていたの。おじいさんは怖かったんだけど、（❻　　　　　　）一緒に踊ってみたんだって。（❼　　　　　）になると、鬼のリーダーが（❽　　　　　　）おじいさんのこぶを（❾　　　　　）から、また次の夜も来るようにと言って、こぶを取ってしまったの。

B　こぶが取れてよかったね、そのおじいさん。それで、意地悪なおじいさんはどうなった？

A　その話を聞いた意地悪なおじいさんは、次の日にこぶを取ってもらおうと思って山に行ったんだけど、（❿　　　　）を見たら怖くて足が（⓫　　　　　）上手に踊れなかったの。それで、鬼が怒って、昨日のおじいさんのこぶも、意地悪なおじいさんのほっぺたにつけてしまったんだって。

B　うわ、かわいそう。じゃ、こぶが二つになっちゃったんだ。

5

オノマトペ

의성어 · 의태어

생쥐가 '찍찍' 웁니다. 아이가 슬퍼서 '훌쩍훌쩍' 웁니다.
여기서 '찍찍'이나 '훌쩍훌쩍'을 의성어, 의태어라고 합니다.
일본어에는 이러한 의성어와 의태어가 많습니다. 여러분은 얼마니 알고 있나요?

주요문형

～からこそ / ～うえ(に) / ～ほど / ～も～ば～も

009 mp3

　みなさんの国では、犬はなんと鳴きますか。日本人に聞いたら、たぶん「ワンワン」と答えるでしょう。猫は「ニャーニャー」、ブタは「ブーブー」、ニワトリは「コケコッコー」。このような言葉を、オノマトペと言います。

　言語によってさまざまなオノマトペがありますが、特に日本語にはたくさんあり、その数は1200以上だそうです。日本語にオノマトペが多い理由は、日本語は他の言語に比べて動詞や副詞の数が少ないためだと言われています。

　たとえば、英語では「toddle」「plod」「stroll」「hobble」のようにさまざまな動詞を使いますが、日本語では「歩く」という一つだけです。そのため、「ヨチヨチ歩く」「トボトボ歩く」のように、オノマトペを使ってその動きを表現するようになったのです。

　雨が「降る」も、動詞は一つしかありませんが、「ザーザー降る」「ポツポツ降る」「パラパラ降る」のように言えば、雨の降る強さや様子をイメージすることができます。日本語には動詞が少ないからこそ、たくさんのオノマトペを作り出すことができたのです。

　また、「シーンとした部屋」「プリプリ怒っている人」のように、音ではなく状態や感情を表すオノマトペもあります。日本のまんがを読んでみると、オノマトペがたくさん出て来るでしょう。それは、文字だけでインパクトが出るうえに、その音や状態をわかりやすく伝えることができるからです。

　日本語を勉強するほど、たくさんのオノマトペに出会うでしょう。全部覚えなければならない、と思っているかもしれません。しかし、オノマトペはもっと自由で、おもしろいものです。コップが割れた時、「今、ガチャン！って、すごい音がしたね」と言う人もいれば、「ザッシャー！って聞こえたよ」と言う人もいるでしょう。自分が聞いた音をそのまま言葉で表現すれば、それがオノマトペです。自由に楽しみながら、オノマトペを学んでください。

1 日本語のオノマトペにはどんなものがありますか。

→

2 日本語にオノマトペが多い理由は何ですか。

→

3 「雨がザーザー降る」「雨がパラパラ降る」のように言うのは、なぜですか。

→

4 日本のまんがにオノマトペがたくさん出てくるのは、なぜですか。

→

5 オノマトペを作るためには、どうしたらいいですか。

→

단어 및 표현

□ 鳴く (새·벌레·짐승이) 울다	□ 言語 언어	□ 特に 특히
□ 数 수	□ ~に比べて ~에 비해	□ 動詞 동사
□ 副詞 부사	□ ヨチヨチ 아장아장	□ トボトボ 터벅터벅
□ 動き 움직임	□ 表現する 표현하다	□ ザーザー 주르륵주르륵, 좍좍
□ ポツポツ 뚝뚝	□ パラパラ 후드득후드득	□ 様子 모양
□ イメージする 상상하다, 연상하다	□ 作り出す 만들어 내다, 생산하다	□ シーンとした 잠잠한, 조용한
□ プリプリ 몹시 성난 모양, 뾰로통한 모양	□ 状態 상태	□ 感情 감정
□ 表す 나타내다	□ インパクト 임팩트, 강한 인상	□ 伝える 전하다
□ 出会う (우연히) 만나다	□ 割れる 깨지다	□ 音がする 소리가 나다
□ 自由に 자유롭게		

문형 연습

1 ～からこそ　～이니까, ～이기 때문에

이유를 강조할 때 쓴다.

・友達がいた**からこそ**、私は成功することができた。
　　　　　　　　　　　せいこう

・あなたを愛している**からこそ**、うそは許せない。
　　　　あい　　　　　　　　　　　　　ゆる

・暑い**からこそ**、辛いものが食べたくなる。
　あつ　　　　　　から

2 ～うえ(に)　～한데다

앞에서 말한 내용과 비슷한 성격의 상태나 사건을 덧붙일 때 사용한다.

・久しぶりに会った彼女は、髪を切った**うえに**太っていて、だれだかわからな
　ひさ　　　　　　　　　　　かみ　　　　　　ふと
かった。

・兄は優しくて頭がいい**うえに**背も高く、女の人から人気がある。
　　やさ　　　　　　　　　　　　　　　　　　　　　　にん き

・あの映画はつまらない**うえに**時間が長く、途中で寝てしまった。
　　　　　　　　　　　　　　　　　　　　と ちゅう

한쪽의 정도가 바뀌면 그의 비례해 또 다른 한쪽도 변한다고 말할 때 쓴다.

・若いころは健康だった人でも、年をとる**ほど**病気になりやすくなる。

・英語は難しいと思っていたけれど、勉強する**ほど**おもしろく感じる。

・日本は北の方へ行く**ほど**寒くなり、南の方へ行く**ほど**暖かくなる。

비슷한 사항을 나열해서 강조할 때나 대립하는 사항을 나열하여 양쪽 사항이 모두 해당된다고 할 때 쓴다.

・お金**も**な**ければ**時間**も**ない。

・今日は一日中、勉強**も**しな**ければ**運動**も**しなかった。

・猫が好きな人**も**いれ**ば**嫌いな人**も**いる。

단어 및 표현

☐ **成功する** 성공하다　　☐ **許す** 용서하다　　☐ **途中で** 도중에

☐ **健康** 건강　　☐ **年をとる** 나이를 먹다　　☐ **病気になる** 병이 나다

☐ **暖かい** 따뜻하다

1 文型

1 ⬭⬭⬭ の中の言葉を入れて文を完成させなさい。

> こそ　　うえ　　ほど　　も

① オノマトペはおもしろい（　　　　　）、とても自由なものです。
　　　　　　　　　　　　　　　　　　　　　　　　　じゆう

② オノマトペが多い言語（　　　　　）あれば、あまりない言語もあります。
　　　　　　　　　げんご

③ 動詞が少ないから（　　　　　）、オノマトペが多い。
　　どうし

④ オノマトペは勉強する（　　　　　）楽しくなる。

2 ⬭⬭⬭ の中の言葉と（　　　）の言葉を使って、文を完成させなさい。

> ～からこそ　　～うえ　　～ほど　　～ば

① 勉強を長く（休む ➡　　　　　　　）、日本語を忘れてしまう。

② 彼は（遅刻する ➡　　　　　　　　）、宿題を忘れてきた。
　　　ちこく

③ この仕事は（大変だ ➡　　　　　　　）、やってよかったと感じるこ
　　　　　　　　　　　　　　　　　　　　　　　　　　　かん
ともできるのだ。

④ 私には金も（ない ➡　　　　　　）才能もないが、あなたを愛する気持ち
　　　　　　　　　　　　　さいのう　　　　　　　　あい　き も
は本物だ。
　ほんもの

1 ⬭ の中の言葉を一つ選んで、適当な形にして ＿＿＿ に書きなさい。

> 比べる　　特に　　他の　　表す　　伝える

① 好きな映画はたくさんありますが、＿＿＿＿＿この映画が好きです。

② 欠席する場合は、彼女にメールで＿＿＿＿＿いいです。

③ このグラフは、気温の変化を＿＿＿＿＿います。

④ 二つを並べて＿＿＿＿＿みると、左の方が大きいことがわかる。

2 次の言葉を使って短文を作りなさい。

① 그가 만드는 음악은 기쁨이나 슬픔 등의 사람의 감정을 표현하고 있습니다.
(喜び、悲しみ、感情、表現する)

➡ ＿＿＿＿＿＿＿＿＿＿＿＿＿＿＿＿＿＿＿＿＿＿＿

② 매미가 울고 있는 소리를 들으면 여름이 왔다고 생각합니다. (セミ、鳴く)

➡ ＿＿＿＿＿＿＿＿＿＿＿＿＿＿＿＿＿＿＿＿＿＿＿

③ 지난달 일을 그만두고 나서 쭉 일하지 않는 상태입니다. (辞める、働く、状態)

➡ ＿＿＿＿＿＿＿＿＿＿＿＿＿＿＿＿＿＿＿＿＿＿＿

④ 깨진 유리를 밟지 않도록 주의해 주십시오. (割れる、ガラス、踏む、気をつける)

➡ ＿＿＿＿＿＿＿＿＿＿＿＿＿＿＿＿＿＿＿＿＿＿＿

010 mp3

A　あ、あそこでニワトリが (❶　　　　　　　)。

B　フランスではニワトリの鳴き声を「ココリコ」って言うんだって。
日本では「コケコッコー」なのにね。

A　へぇ、おもしろい。(❷　　　　　) 国では何て言うんだろう？

B　英語では、「クックドゥードゥルドゥー」って言うよね。日本語と
(❸　　　　　) と、長くて難しいけど。

A　でも、ニワトリの鳴き声をうまく (❹　　　　　) いる気がする！
ニワトリ以外の動物も、違うのかな？

B　日本語では犬は「ワンワン」だけど…。英語では「バウワウ」、
韓国語では「モンモン」って言うんだって。

A　やっぱり国が (❺　　　　　)、鳴き声も違うんだ。

B　でも中国は日本と同じ、「ワンワン」らしいよ。おもしろいよね。
同じように聞こえてるのかな。

A　へぇ。(❻　　　　　　　)、外国語っておもしろい！
僕も何か勉強しようかな。

B　うん。おもしろい (❼　　　　　)、勉強したくなるんだよね。いつか
私も、英語で自分の気持ちを (❽　　　　　　) ようになりたいな。

A　「バウワウ」と「クックドゥードゥルドゥー」は覚えただろう。

B　あのねぇ、私は動物じゃないのよ。

6

<ruby>お盆<rt>ぼん</rt></ruby>

오본

일본의 연중행사 중 하나인 오본은
한국의 추석과 어떠한 차이가 있을까요?
오본의 역사와 풍습에 대해 배워 봅시다.

주요문형

〜とすると / 〜てからは / 〜にかかわりなく / 〜に違いない

011 mp3 ▶

お盆は、亡くなった先祖の霊を家に迎える行事です。お盆の始まりはよく知られていません。昔から日本にあった行事と、7世紀ごろに伝えられた仏教の行事が一緒になって、今のお盆の行事になったようです。お盆は、最初は天皇だけが行っていましたが、鎌倉時代になると、身分にかかわりなく人々に広まりました。

明治時代になってからは、お盆の時期が7月15日に決められました。しかし、7月15日ごろは農作業が忙しいので、お盆の準備ができない地域も多くありました。そこで、1か月遅れた8月15日ごろにお盆を行う地域が多くなりました。

8月13日は、先祖の霊を家に迎える日です。先祖が帰って来るとすると、準備しなければならないことがたくさんあります。まず、お墓に行って掃除をし、霊が家に帰って来てくれるようにお参りをします。それから、家の中に棚を作って花を飾り、お菓子やくだもの、線香、ろうそくなどを置いておきます。先祖の霊が帰って来る時には、乗り物も必要ですから、きゅうりで馬を、ナスで牛を作って、棚の上に置きます。また、玄関を明るくしておけば、先祖が道に迷わずに帰って来られるに違いないと考え、夕方に「迎え火」を用意します。お盆の間は、家族や親戚の人々が集まって、亡くなった人たちのことを思い出しながら、いろいろな話をします。8月16日は、先祖の霊を送る日です。お墓にお参りに行ってから、玄関に「送り火」を用意します。

亡くなった人の霊をなぐさめるために、地域でもお盆の行事を行います。広場や公園に集まって踊る「盆踊り」、紙で作った小さい船を川に流す「灯ろう流し」などがあります。「花火大会」も、送り火や迎え火の延長だと考えられています。

1 お盆が人々に広まったのはいつごろですか。

→

2 なぜお盆は8月15日ごろに行われるようになりましたか。

→

3 8月13日に、なぜ人々は玄関を明るくするのですか。

→

4 お盆の間、人々は家でどんなことをしますか。

→

5 お盆の時に、地域ではどのような行事をしますか。

→

단어 및 표현

- お盆（ぼん） 오본, 백중날
- 霊（れい） 영혼, 정신, 영
- 世紀（せいき） 세기
- 行う（おこな） 실시하다, 행하다
- 広まる（ひろ） 넓어지다, 널리 퍼지다
- 農作業（のうさぎょう） 농사일
- お参り（まい） 참배함
- ろうそく 초, 양초
- 玄関（げんかん） 현관
- 用意する（ようい） 준비하다, 마련하다
- なぐさめる 달래다, 위로하다
- 灯ろう流し（とう なが） 대로 만든 등롱에 불을 켜 강에 띄우는 행사
- 延長（えんちょう） 연장

- 亡くなる（な） 죽다, 사망하다
- 行事（ぎょうじ） 행사
- 仏教（ぶっきょう） 불교
- 鎌倉時代（かまくら じだい） 가마쿠라 시대(1185~1333)
- 明治時代（めいじ じだい） 메이지 시대(1868~1912)
- 地域（ちいき） 지역
- 飾る（かざ） 장식하다
- きゅうり 오이
- 迷う（まよ） 헤매다
- 親戚（しんせき） 친척
- 広場（ひろば） 광장

- 先祖（せんぞ） 선조, 조상
- 始まり（はじ） 시작
- 天皇（てんのう） 일본 국왕(천황)
- 身分（みぶん） 신분
- 時期（じき） 시기
- お墓（はか） 무덤
- 線香（せんこう） 선향
- ナス 가지
- 迎え火（むか び） 향을 피워 혼백을 부르는 행사
- 送り火（おく び） 향을 피워 혼백을 돌려보내는 행사
- 花火大会（はなび たいかい） 불꽃놀이

1 ～とすると ~라고 하면

'~라고 가정한다면 어떻게 될까'라고 말하고 싶을 때 쓴다.

・明日までにこの仕事を終わらせなければならない**とすると**、今日はまだ帰れない。

・7時の飛行機に乗れない**とすると**、会議には間に合わないでしょう。

・このデータが間違っている**とすると**、だれに聞けばいいだろう。

2 ～てからは ~하고 나서는

어떤 행동을 한 후 그 다음 상황에 대해 이야기하고자 할 때 쓴다.

・日本語の勉強を始め**てからは**、英語の勉強をしなくなりました。

・運動をするようになっ**てからは**、体の調子がよい。

・社会人になっ**てからは**、お酒を飲む機会が多くなりました。

～にかかわりなく　　～에 관계없이

'~이 어떻든(~에 관계없이) ~이다'라고 할 때 쓴다.

・この会社では、年齢や国籍にかかわりなく、能力がある人を採用する。

・その店は、曜日にかかわりなく、毎晩11時まで開いている。

・このサークルは、経験があるかどうかにかかわりなく、だれでも参加できます。

4　～に違いない　　～임에 틀림없다

강한 확신이 들어 '분명 ~라고 생각한다'라고 말할 때 쓴다.

・地下鉄が止まっているみたいだ。事故があったに違いない。

・あんな時間に出発したのだから、間に合わなかったに違いありません。

・ケーキが置いてある。昨日、私が食べたいと言ったから、母が買っておいてくれたに違いない。

단어 및 표현

☐ 飛行機 비행기
☐ 間違う 틀리다, 잘못되다
☐ 機会 기회
☐ 能力 능력
☐ 経験 경험

☐ 間に合う 시간에 대다
☐ 体の調子 몸 상태, 컨디션
☐ 年齢 연령
☐ 採用する 채용하다
☐ 参加 참가

☐ データ 데이터
☐ 社会人 사회인
☐ 国籍 국적
☐ 曜日 요일
☐ 事故 사고

① 文型

1 （　　　　）の中の言葉を入れて文を完成させなさい。

> すると　　からは　　かかわりなく　　違いない

① 日本人はお盆になると、先祖の霊が帰って来るに（　　　　）と考えています。

② 大学に入学して（　　　　）、お盆に両親の家に帰らなくなりました。

③ お盆に親戚が集まると（　　　　）、食べ物がたくさん必要です。

④ 盆踊りは、年齢に（　　　　）だれでも参加できます。

2 （　　　　）の中の言葉と（　　）の言葉を使って、文を完成させなさい。

> ～とすると　　～てからは　　～にかかわりなく　　～に違いない

① （年齢や性別 →　　　　　　　　　　　　　　）外国人の友達がほしいです。

② 姉は目が真っ赤だ。長い時間（泣く →　　　　　　　　　　　　）。

③ イギリスに（引っ越す →　　　　　　　）彼と連絡を取っていません。

④ １か月に５万円（貯金できる →　　　　　　　　　　）１年間で６０万円貯まることになる。

1 ◯◯◯ の中の言葉を一つ選んで、適当な形にして ＿＿＿ に書きなさい。

> お墓　　農作業　　亡くなる　　なぐさめる　　迷う

① 先祖の霊を＿＿＿＿＿ために、地域の人々が盆踊りを踊る。

② 7月は＿＿＿＿＿が忙しい時期だった。

③ お盆には、先祖の＿＿＿＿＿にお参りに行く人が多い。

④ 親戚が集まって、＿＿＿＿＿先祖の話をする。

2 次の言葉を使って短文を作りなさい。

① 오본 행사는 불교와 관계가 있다고 한다. (お盆、行事、仏教)

➡ ＿＿＿＿＿＿＿＿＿＿＿＿＿＿＿＿＿＿＿＿＿＿＿

② 조상의 영을 집으로 맞이하는 행사는 여러 나라에서 행해지고 있다.
(先祖、霊、行事)

➡ ＿＿＿＿＿＿＿＿＿＿＿＿＿＿＿＿＿＿＿＿＿＿＿

③ 준비하는 것은 지역에 따라 다르지만 오이와 가지 등의 야채가 자주 사용된다.
(地域、きゅうり、ナス)

➡ ＿＿＿＿＿＿＿＿＿＿＿＿＿＿＿＿＿＿＿＿＿＿＿

④ 신분이나 나이에 관계없이 교류할 수 있는 시대가 되었다.
(身分、年齢、交流する)

➡ ＿＿＿＿＿＿＿＿＿＿＿＿＿＿＿＿＿＿＿＿＿＿＿

다음은 본문과 관련된 회화입니다. 들으면서 빈칸을 채우세요.

012 mp3

A　ゆめちゃんは夏休みにどこかに出かける？

B　うん、おばあちゃんの家に行くよ。(❶　　　　) に (❷　　　　) が集まるの。

A　そうなんだ。いいね。でも、お盆って何をするの？僕はお盆の (❸　　　　) って見たことがなくて…。

B　けっこう忙しいんだよ。(❹　　　　) の霊が家に帰って来るから、準備しておかなくちゃいけない物がたくさんあるの。(❺　　　　) とか、(❻　　　　) もたくさんいるし、お花も飾ったりしなくちゃいけないし。

A　へえ、大変なんだね。ゆめちゃんも手伝うの？

B　うん、お盆が始まる前日に行って、色々手伝うよ。(❼　　　　) を掃除したり、買い物に行ったり。

A　お盆って楽しそうだなと思っていたけど、やらなくちゃいけないことも多いんだね。

B　そうだね。準備するものは (❽　　　　) によって違うみたいだけど、おばあちゃんの家では、迎え火と送り火もするから、(❾　　　　) をきれいにしておかなくちゃいけないの。

A　そうなんだ。そんなに準備してお迎えしたら、先祖の霊もきっと (❿　　　　) て、喜んでくれるだろうね。

ひな<ruby>祭<rt>まつ</rt></ruby>り

히나마쓰리

여러분은 히나 인형을 본 적이 있나요?
히나마쓰리는 여자 아이의 축제입니다.
일본인은 히나 인형에 어떠한 바람을 담았을까요?

주요문형

~に対して / ~わけではない / ~としても /
~ようがない・~ようもない

013 mp3

　ひな祭りは、日本の年中行事の一つで、女の子が元気に大きくなり、幸せになるように願う日です。「桃の節句」とも呼ばれ、3月3日に行われます。昔の日本では、この時期に人形に病気や悪いことを移して、川に流しました。この習慣が、ひな祭りになったと言われています。

　ひな祭りの日が近くなると、女の子のいる家では、ひな人形を飾ります。階段のような台に赤い布を敷いて、その上に人形を置くのですが、一番上の段には、天皇である男びなと皇后である女びな、その下には、宮殿で働く人たちの人形を並べます。これは平安時代の天皇の結婚式を表しています。昔の人が女の子の幸せな結婚に対して強い願いを持っていたことがよくわかります。今の日本では、マンションのような小さい家が増えたため、ひな人形を飾ろうとしても、狭くて飾りようがありません。そのため、階段のような大きな飾りではなく、男びなと女びなだけを飾る家が多くなりました。

　ひな祭りの代表的な食べ物は、「ひしもち」と「ちらし寿司」です。ひしもちは、桃色、白、緑の三色のもちで、それぞれ魔よけ、清らかさ、健康を表します。ちらし寿司には、エビ、レンコン、卵など、縁起のいい食材をのせて食べます。しかし、ひな祭りだからといって、必ずこうした食べ物を食べなければならないわけではありません。ひな祭りは祝日ではありませんから、忙しい現代では、これらの食べ物を準備することも大変なのです。

　ひな人形は、ただの飾りではなく、女の子を守るお守りの意味もあります。そのため、ひな祭りが終わったら、できるだけ早く片づけるといいと言われています。女の子から人形に移った悪いことが、また戻ってきてしまうのを心配したためです。

　ひな祭りは日本の春を感じられる行事であり、女の子の幸せを祈る文化が今も続いています。

 주어진 질문에 맞는 답을 본문에서 찾아 써 봅시다.

1 ひな祭りは何の日ですか。

→

2 ひな人形はどのような人形ですか。

→

3 なぜ男びなと女びなだけを飾る家が増えたのですか。

→

4 ひしもちはどのような食べ物ですか。

→

5 ひな祭りが終わったら、ひな人形を早く片づけるのはなぜですか。

→

단어 및 표현

□ ひな祭り 히나마쓰리	□ 年中行事 연중행사	□ 幸せ 행복
□ 願う 바라다	□ 桃の節句 삼짇날	□ 行う 실시하다, 행하다
□ 時期 시기	□ 移す 옮기다	□ 習慣 습관, 풍습
□ 飾る 장식하다	□ 布 천	□ 敷く 깔다
□ 天皇 일본 국왕(천황)	□ 皇后 황후	□ 宮殿 궁전
□ 平安時代 헤이안 시대(794~1185)	□ 表す 나타내다	□ 代表的な 대표적인
□ ひしもち 히나마쓰리에 먹는 삼색 떡	□ ちらし寿司 지라시즈시, 떠먹는 초밥	□ 桃色 분홍색
□ 三色 삼색	□ 魔よけ 마귀를 쫓음	□ 清らかさ 깨끗함
□ 健康 건강	□ エビ 새우	□ レンコン 연근
□ 縁起 재수, 운수	□ 食材 식재료	□ のせる 올리다
□ こうした 이러한	□ 祝日 축일, 공휴일	□ 現代 현대
□ 守る 지키다	□ お守り 부적	□ 感じる 느끼다
□ 祈る 빌다, 기원하다		

1 〜に対して　~에게, ~에 대하여

'~에게, ~을 상대로 하여'라고 할 때 쓴다.

- 父は母に対して本当に優しい。

- 「レストランやカフェはすべて禁煙にした方がいい」という意見に対してどう思いますか。

- 日本への留学に対して、まだ決心ができていない。

2 〜わけではない　~인 것은 아니다

'전부가 ~이지는 않다, 반드시 ~라고는 하지 못한다'와 같이 문장을 부분적으로 부정할 때 쓴다.

- 学生時代、毎晩遅くまで遊んでいたわけではありません。

- その仕事がしたくないというわけではない。

- 結婚したくないわけではないが、今はまだ一人でいたい。

3 ～としても　～라고 해도

'설령 ~라고 가정해도'라고 나타낼 때 쓴다.

・この書類が明日の会議に間に合わない**としても**、たぶん問題ないだろう。

・車を買う**としても**、お金がないので今年は無理だ。

・一人で海外旅行に行きたいと言った**としても**、母は反対すると思う。

4 ～ようがない・～ようもない　～할 수가 없다 · ~하지도 못한다

'~하고 싶지만 방법이 없어서 하지 못한다'라고 말할 때 쓴다.

・内田先生にお会いしたいが、電話番号が変わって、連絡のし**ようがない**。

・田舎の祖父母に会いに行きたいが、遠いので長い休みがないと行き**ようもない**。

・子どもたちの予定がわからないと、旅行の予定を立て**ようがない**。

☐ 禁煙 금연　　　　☐ 意見 의견　　　　☐ 決心 결심
きんえん　　　　　　い けん　　　　　　　けっしん

☐ 書類 서류　　　　☐ 間に合う 시간에 대다　　☐ 海外旅行 해외여행
しょるい　　　　　　ま　あ　　　　　　　　　かいがいりょこう

☐ 反対する 반대하다　☐ 連絡 연락　　　　☐ 田舎 시골
はんたい　　　　　　れんらく　　　　　　　いなか

☐ 祖父母 조부모　　　☐ 予定を立てる 예정(계획)을 세우다
そ ふ ぼ　　　　　　よ てい　た

1 文型

1　（　　　　　）の中の言葉を入れて文を完成させなさい。

> 対して　　わけではない　　しても　　ようがない

① 最近は、すべての家で家族が集まってひな祭りを祝っている（　　　　　）。

② ひな人形を買うと（　　　　　）高いので、小さいものしか買えない。

③ 家が小さいので、大きいひな人形は飾り（　　　　　）。

④ 昔の人は子どもの結婚に（　　　　　）強い願いを持っていた。

2　（　　　　　）の中の言葉と（　　）の言葉を使って、文を完成させなさい。

> 〜に対して　　〜わけではない　　〜としても　　〜ようがない

① 母が（悲しむ　➡　　　　　　　　　）一人暮らしをしてみたい。

② 明日のパーティーは（参加しなければならない　➡　　　　　　　　　）。

③ 韓国の若者は（お年寄り　➡　　　　　　　　　）とても親切だ。

④ 今日、お客様が何人来るかわからないので、人数がわかるまで食事を
（作る　➡　　　　　　　　　）。

1　◯◯◯の中の言葉を一つ選んで、適当な形にして ＿＿＿＿ に書きなさい。

> 敷く　　祈る　　願い　　代表的な　　お守り

① ひな祭りの＿＿＿＿＿＿食べ物は、ちらし寿司だ。

② 赤い布を＿＿＿＿＿＿、人形をきれいに飾ります。

③ この行事を見ると、子どもの幸せに対する親の＿＿＿＿＿＿がよくわかる。

④ ひな人形は、女の子を守る＿＿＿＿＿＿でもある。

2　次の言葉を使って短文を作りなさい。

① 복숭아 꽃이 피면 봄을 느낀다. (桃、感じる)

　→ ＿＿＿＿＿＿＿＿＿＿＿＿＿＿＿＿＿＿＿＿＿＿＿＿＿＿＿＿＿

② 공휴일은 예로부터 이어져 온 전통과 풍습을 느낄 수 있는 날이다.
(祝日、伝統、習慣、感じる)

　→ ＿＿＿＿＿＿＿＿＿＿＿＿＿＿＿＿＿＿＿＿＿＿＿＿＿＿＿＿＿

③ 이 요리에는 새우, 연근, 달걀 등 재수가 좋은 식재료가 사용되고 있다.
(レンコン、縁起、食材)

　→ ＿＿＿＿＿＿＿＿＿＿＿＿＿＿＿＿＿＿＿＿＿＿＿＿＿＿＿＿＿

④ 옛날 사람은 인형에 나쁜 것을 옮겨 나쁜 것으로부터 아이를 지켜 주려고 생각했다.
(移す、守る)

　→ ＿＿＿＿＿＿＿＿＿＿＿＿＿＿＿＿＿＿＿＿＿＿＿＿＿＿＿＿＿

다음은 본문과 관련된 회화입니다. 들으면서 빈칸을 채우세요.

014 mp3

A 学校に来る途中で (❶　　　　) の花がきれいだったよ。

もう春だなと思った。明日はひな祭りだもんね。

B ああ、そうだね。うちは僕と弟だけだから、

ひな祭りはあまり関係がないけど、内田さんの家では何かするの？

A うん、うちは毎年、ちらし寿司を食べるよ。

縁起のいい (❷　　　　) を (❸　　　　)、おばあちゃんが作ってくれ

るの。あと、ひしもちも。

B へえ、いいな。ひしもちって三色できれいだよね。

(❹　　　　) はやっぱり春を (❺　　　　) 色だなと思うよ。

A そうだね。ひしもちの三色には意味があるらしいよ。

(❻　　　　) とか (❼　　　　) を表してるって聞いたことがある。

B (❽　　　　) って、よく考えると昔の人の (❾　　　　) を表してる

んだろうね。内田さんの家には、ひな人形も飾ってあるの？

A うーん、飾ってあるけど、小さいやつ。

赤い (❿　　　　) の上に男びなと女びなだけ。

B そうなんだ。マンションだと、階段のあるひな人形は飾れないよね。

8

おひとりさま文化

나 홀로 문화

'한 명, 혼자, 독신' 등을 뜻하는 '오히토리사마'라는 말을 들어 본 적이 있나요?
일본에서는 혼자만의 시간을 즐기는 사람들이 늘고 있습니다.
이러한 문화가 퍼지는 이유와 그 특징을 알아봅니다.

주요문형

〜うちに / 〜ば〜ほど / 〜はもちろん / 〜からには

015 mp3

　日本には「個食」という言葉があります。これは、一緒に食事をする人がいても、それぞれが自分専用の料理を食べること、あるいは一人で食事をすることを意味します。昔の日本では、大皿の料理を分けて食べるよりも、一人分ずつの料理を用意することが多く見られました。この伝統が「個食」文化につながっていると考えられます。

　最近、日本の都市部を中心に、「おひとりさま」と呼ばれるライフスタイルが広がっています。仕事の昼休みに一人でランチを食べるのはもちろん、休日にラーメン店や回転寿司に一人で行く人も増えています。さらに、一人専用の焼肉店や鍋料理の店も人気があります。個室や仕切りのある店では、自分のペースで食事が楽しめるので、よく利用されています。カフェやファミリーレストランでも、コンセントやWi-Fiを用意して、一人客を迎える店が増えています。

　こうした店を利用するうちに、「おひとりさま」に慣れて、食事以外でも一人の時間を積極的に楽しむ人が増えてきました。たとえば、一人で映画館に行って好きな作品を見る人や、一人カラオケで歌う人もいます。自分のペースでゆっくり商品を選ぶために、一人で買い物に行ったり、スポーツジムで運動したりするのも「おひとりさま」の楽しみ方の一つです。旅行やレジャーでも、「おひとりさまツアー」や「ソロキャンプ」が注目され、一人で楽しむことは一般的になっています。

　結婚しない人や、一人で住む人が多くなったことなどから、「おひとりさま」文化が生まれたと言えます。そして、人々の考え方も変わってきました。一人の時間を楽しめば楽しむほど、一人でできることの幅が広がっていきます。「おひとりさま」がここまで広がったからには、今後も大切なライフスタイルの一つとして続いていくでしょう。この文化は、多くの生き方を認める日本社会の特徴をよく表しています。

1 「個食」とは何ですか。

　➡ ____

2 なぜ日本では、個食文化ができたと言っていますか。

　➡ ____

3 一人客を迎える店は、どのような用意をしていますか。

　➡ ____

4 食事以外で「おひとりさま」はどのようなことを楽しんでいますか。

　➡ ____

5 これからの日本では、「おひとりさま」文化はどうなると言っていますか。

　➡ ____

단어 및 표현

□ 個食 혼자 식사함, 1인분용 식품	□ それぞれ 각자	□ 専用 전용
□ あるいは 혹은	□ 大皿 큰 접시	□ 用意する 준비하다, 마련하다
□ 伝統 전통	□ つながる 이어지다, 연결되다	□ 都市部 도시부
□ 中心 중심	□ ライフスタイル 라이프 스타일	□ 広がる 퍼지다, 넓어지다
□ 回転寿司 회전 초밥	□ さらに 게다가	□ 焼肉店 고깃집
□ 鍋料理 전골 요리	□ 個室 개인실	□ 仕切り 칸막이, 가림막
□ ペース 페이스, 속도	□ 利用する 이용하다	□ ファミリーレストラン 패밀리 레스토랑
□ コンセント 콘센트	□ 迎える 맞이하다	□ こうした 이러한
□ 以外 이외	□ 積極的な 적극적인	□ 作品 작품
□ 商品 상품	□ スポーツジム 스포츠 짐, 체육관	□ レジャー 레저, 여가
□ ツアー 투어, 관광 여행	□ 注目する 주목하다	□ 一般的な 일반적인
□ 幅 폭	□ 生き方 삶의 방식, 생활 태도	□ 認める 인정하다
□ 特徴 특징	□ 表す 나타내다	

1 ～うちに ~하는 동안(사이)에, ~하는 가운데

일정 시간 동안 계속되는 것을 뜻하는 말과 함께 쓰이며, '그동안에', '그 시간 이내에'라는 의미를 나타낸다. 「～ないうちに」는 '~하기 전에'로 해석한다.

・夏休みの**うちに**ダイエットをしようと決めた。

・仕事が忙しくならない**うちに**、家族と旅行に行くつもりだ。

・はじめは気難しい人だと思っていたが、話している**うちに**、楽しい人だと思うようになった。

2 ～ば～ほど ~하면 ~할수록

같은 말을 반복함으로써 한쪽이 변하면 다른 한쪽도 그에 맞추어 변하는 모양새를 나타낸다.

・日本語は、たくさん話せ**ば**話す**ほど**上手になる。

・どの商品でも同じような効果があるなら、安けれ**ば**安い**ほど**いい。

・課題が難しすぎて、考えれ**ば**考える**ほど**わからなくなってしまった。

3　〜はもちろん　~은 물론

대표적인 예를 하나 들고 그 뒤에 다른 예를 거론할 때 쓰는 표현이다.

・このアニメは、子ども**はもちろん**、大人まで楽しめる作品だ。

・野球部のキムさんは運動神経抜群で、野球**はもちろん**、サッカーや水泳も得意だという。

・日本の大学に進学するためには、日本語**はもちろん**、英語や数学なども勉強しなければならない。

4　〜からには　~한 이상은, 어차피 ~한다면

'~한 상황이니 당연히'라는 의미이다. 문장 뒤에는 말하는 사람의 결의나 판단 등을 나타내는 「〜べきだ」「〜つもりだ」「〜はずだ」「〜にちがいない」 등의 표현이 따른다.

・オリンピックに出る**からには**、絶対にメダルを取りたい。

・韓国に引っ越す**からには**、少しは韓国語を勉強しておくべきだろう。

・忙しい中、手伝ってもらった**からには**、お礼をしなくてはいけません。

단어 및 표현

□ ダイエット 다이어트
□ 課題 과제
□ 得意な 잘하는, 능숙한
□ 絶対に 절대로, 반드시

□ 気難しい 성미가 까다롭다, 깐깐하다
□ 運動神経 운동 신경
□ 進学する 진학하다
□ お礼 감사 인사, 사례

□ 効果 효과
□ 抜群 발군, 뛰어남
□ オリンピック 올림픽

1 文型

1 （＿＿＿）の中の言葉を入れて文を完成させなさい。

> うち　　　ほど　　　もちろん　　　から

① ソロキャンプは行けば行く（　　　　　　）、楽しくなります。

② 日本へ旅行する（　　　　　　）には、私も「おひとりさま」をしてみるつもりです。

③ 「おひとりさま」をしている（　　　　　　）に、一人の生活がもっと好きになりました。

④ 平日は（　　　　　　）、週末や休日も一人でゆっくり食事がしたいです。

2 （＿＿＿）の中の言葉と（　　）の言葉を使って、文を完成させなさい。

> ～うちに　　　～ば～ほど　　　～はもちろん　　　～からには

① アメリカに（留学する ➡　　　　　　　　　　）、英語を話せるようになって帰ろう。

② たくさん（食べる ➡　　　　　　　　　　）、人間は太るものだ。

③ 外が（静か ➡　　　　　　　　）勉強をすると、よく集中できる。

④ その韓国人アイドルグループは、（韓国 ➡　　　　　　　　　　）、日本でも人気を集めている。

1 〔　　　〕の中の言葉を一つ選んで、適当な形にして ＿＿＿ に書きなさい。

> つながる　　広がる　　積極的な　　一般的な　　認める

① 多くの生き方を＿＿＿＿＿＿方が、みんなが楽しく生活できると思う。

② ソロキャンプは、特に若い人たちに＿＿＿＿＿＿ています。

③ 私たちのライフスタイルは、伝統と＿＿＿＿＿＿ている。

④ 一人の時間をゆっくり楽しむライフスタイルが＿＿＿＿＿＿になっている。

2 次の言葉を使って短文を作りなさい。

① 한국에서는 큰 접시에 담긴 음식을 나눠 먹지만, 일본에서는 각자 개인 접시에 먹는 경우가 많다.
（大皿、のせる、分ける、それぞれ、専用）

➡ ＿＿＿＿＿＿＿＿＿＿＿＿＿＿＿＿＿＿＿＿＿＿＿＿＿＿＿＿＿＿＿＿＿＿＿

② 최근에는 개인실과 칸막이를 마련해 1인 손님을 맞이하는 가게가 늘고 있다.
（個室、仕切り）

➡ ＿＿＿＿＿＿＿＿＿＿＿＿＿＿＿＿＿＿＿＿＿＿＿＿＿＿＿＿＿＿＿＿＿＿＿

③ 한 사람의 시간을 자신의 페이스로 천천히 즐기는 것은 중요한 라이프 스타일 중 하나다.
（ペース、ライフスタイル）

➡ ＿＿＿＿＿＿＿＿＿＿＿＿＿＿＿＿＿＿＿＿＿＿＿＿＿＿＿＿＿＿＿＿＿＿＿

④ 도시를 중심으로 새로운 레저와 레스토랑이 주목받고 있다.
（都市部、中心、レジャー、注目する）

➡ ＿＿＿＿＿＿＿＿＿＿＿＿＿＿＿＿＿＿＿＿＿＿＿＿＿＿＿＿＿＿＿＿＿＿＿

016 mp3

A　昨日ね、アルバイトの帰りに (❶　　　　　) を食べに行ったの。

B　へえ、どこの店？

A　郵便局の前にできた一人 (❷　　　　　) 焼肉の店。
　おいしかったし、(❸　　　　　) がついてたから、一人でゆっくり食べ
　やすかったよ。

B　そうなんだ。(❹　　　　　) スタイルなんだね。
　いいね。僕も今度行ってみようかな。僕は最近、(❺　　　　　) キャン
　プによく行くよ。一人で本を読んだり、散歩したりして、楽しめる。

A　そっか、私は一人旅の方がいいけど、
　おひとりさま (❻　　　　　) もたくさんあるよね。

B　うんうん、おひとりさまって (❼　　　　　) だけなのかと思ってたら、
　うちの親も一人で (❽　　　　　) 寿司とかに行ってるから、もう日本中
　に (❾　　　　　) るんだろうね。

A　そうなんだね。家族や友達と行くのも楽しいけど、
　いつも (❿　　　　　) 一緒に行かなくても、一人の時間を楽しむのも
　いいよね。

B　そうそう、僕も両方の時間があった方が楽でいいと思う。

ことわざ

속담

속담은 예로부터 민간에 전해 오는 쉬운 격언으로,
교훈이나 삶의 지혜를 담고 있습니다.
속담을 배우면 일본인의 의식이나 문화도 이해할 수 있게 되겠지요.
일본의 속담을 배워 써 봅시다.

주요문형

〜といっても / 〜とか〜とか / 〜きる・〜きれる / 〜ことは〜が(けど)

017 mp3 ▶

　ことわざとは、昔から人々の生活の中で使われてきた短い言葉です。ことわざは短いといっても、ただ短いだけではなく、深い意味があり、生活の中で役立つアドバイスや考え方を伝えています。日常の会話で使うと、少ない言葉で多くのことを伝えきれるのも特徴です。ことわざには中国から伝わったものもありますが、ここでは日本でできたものを三つ紹介します。

　まず、「急がば回れ」ということわざがあります。これは急いでいる時ほど、安全で正しい方法を選ぶべきだという意味です。たとえば、目的地に行く時に、近道を使うと早く着きそうに見えますが、事故や失敗で時間を失うことがあります。そのため、遠回りでも安全な道を選べば、結局は早く目的地に着き、成功につながることを教えています。

　次に、「花より団子」ということわざです。これはお花見の風習から生まれました。桜の花が美しいことは美しいのですが、花見では、桜の花よりも団子などの食べ物を楽しみにしている人が多くいました。そのことから、人は結局、目に美しい物より、役に立つ物を選ぶことを表しています。

　さらに、「旅は道連れ世は情け」ということわざもあります。これは、「旅をする時は一緒に行く仲間がいると安心できる。世の中を生きていく時も、人の思いやりが大切だ」という意味です。人は一人では生きていけません。友人とか家族とか、社会の中での助け合いがあるからこそ、安心して生活できます。このことわざは人間関係の大切さをわかりやすく伝えているのです。

　ことわざを学ぶことで、日本語の表現力が高まるだけでなく、日本人の考え方や文化も理解できるようになります。ぜひ、日本のことわざを覚えて、日常の会話の中で使ってみてください。

1 ことわざとは、何を伝えるものですか。

　→ ____

2 「急がば回れ」は、何を教えることわざですか。

　→ ____

3 「花より団子」とは、何を表していますか。

　→ ____

4 「旅は道連れ世は情け」は、何を伝えることわざですか。

　→ ____

5 ことわざを学ぶと何ができるようになると言っていますか。

　→ ____

단어 및 표현

□ ことわざ 속담
□ アドバイス 어드바이스, 조언
□ 特徴 특징
□ 選ぶ 고르다
□ 事故 사고
□ 遠回り 멀리 돌아감, 우회함
□ つながる 이어지다
□ 楽しみにする 기대하다
□ 情け 정, 인정
□ 思いやり 배려, 남을 헤아림
□ 人間関係 인간관계
□ 理解 이해

□ 深い 깊다
□ 日常 일상
□ 伝わる 전해지다
□ 目的地 목적지
□ 失敗 실패, 실수
□ 結局 결국
□ 団子 경단(떡)
□ 道連れ 동행, 길동무
□ 仲間 동료
□ 友人 친구
□ 表現力 표현력

□ 役立つ 도움이 되다, 쓸모 있다
□ 会話 회화
□ 方法 방법
□ 近道 지름길
□ 失う 잃다, 잃어버리다
□ 成功 성공
□ 風習 풍습
□ 世 세상, 사회
□ 世の中 세상, 사회, 세간
□ 助け合い 서로 돕기, 상부상조
□ 高まる 높아지다

1　〜といっても　　~라고 해도

'~에서 떠올리기 쉬운 내용과 달리 사실은 …이다'라고 설명할 때 쓴다.

・学校のすぐ隣にはマートがあります。マートといっても、お菓子と飲み物を
　売っているだけの小さい店です。

・Ａ：毎日、仕事が朝早くて大変ですね。
　Ｂ：いいえ、早いといっても、7時からですから、つらくありません。

・お金がないといっても、生活ができないほどではない。
　　　　　　　　　　　せいかつ

2　〜とか〜とか　　~라든지 ~라든지

어떤 사항이나 방법에 대해 구체적인 예를 나열하여 말할 때 쓴다.

・学校の後も、英語の塾とか、ピアノとか、スイミングとかに通っています。
　　　　　　　　　　じゅく　　　　　　　　　　　　　　　　　　　　　　かよ

・旅行に行くとか、アルバイトをするとか、夏休みも予定が多い。
　　　　　　　　　　　　　　　　　　　　　　　　　よてい

・鈴木さんが会社を辞めたとか、田舎に帰ったとかという話を聞きました。
　すず き　　　　　　　や　　　　　　いなか

3 ～きる・～きれる　다(마지막까지) ~하다 · 다(마지막까지) ~할 수 있다

～きる는 '다(마지막까지) ~하다, 완전히 ~하다'라는 뜻으로 완료의 의미를 나타내며, ～きれる・～きれない는 그것의 가능, 불가능을 의미한다.

・辞書を使いながら、日本語の小説を一人で読み**きった**。
　　　　　　　　　　　　しょうせつ

・母は、持ち**きれない**ほどの荷物を持ってスーパーから帰って来た。
　　　　　　　　　　　　に もつ

・この話は複雑で、説明し**きれない**。
　　　　ふくざつ　　せつめい

4 ～ことは～が(けど)　~하기는 ~하지만

앞선 내용이 사실임을 인정하지만, 그 일에는 그다지 의미가 없을 때, 결과가 기대대로 되지 않았을 때 쓴다. '일단 ~하지만, 그러나…'라고 말하고 싶을 때 쓴다.

・会場に行く**ことは**行った**が**、結局、彼女には会えなかった。
　かいじょう　　　　　　　　　　けっきょく

・Ａ：一人暮らしはどう？　自由で楽しいでしょう？
　　　ひとり ぐ　　　　　　じ ゆう
　Ｂ：うん、楽しい**ことは**楽しいんだ**けど**、お金がかかって大変だよ。

・Ａ：ねえ、山田さんの彼氏を見たんでしょう？　どんな人だった？
　　　　やま だ　　かれ し
　Ｂ：うん、見た**ことは**見たんだ**けど**、遠くからだったから、顔はよく見えな

　　かった。

단어 및 표현

□ つらい 고되다, 힘들다, 괴롭다　　　□ 塾 학원　　　□ 会社を辞める 회사를 그만두다
　　　　　　　　　　　　　　　　　　じゅく　　　　　　かいしゃ や

□ 田舎 시골　　　□ 小説 소설　　　□ 荷物 짐
　いなか　　　　　しょうせつ　　　　に もつ

□ 複雑な 복잡한　　　□ 会場 집회 장소　　　□ 彼氏 남자 친구
　ふくざつ　　　　　　かいじょう　　　　　かれ し

1 文型

1 〔 　　 〕の中の言葉を入れて文を完成させなさい。

> といっても　　とか　　きれない　　ことは

① たくさんのことを同時に学ぶと、すべては理解し（　　　　　）。
② 日本のことわざにはウサギ（　　　　　）猫（　　　　　）、いろいろな
動物が出てくる。
③ 日本のことわざを覚えた（　　　　　）、三つだけだ。
④ ことわざの本を読む（　　　　　）読んだが、難しくてわからなかった。

2 〔 　　 〕の中の言葉と（　　）の言葉を使って、文を完成させなさい。

> ～といっても　　～とか～とか　　～きる　　～ことは～が

① その本を（買う➡　　　　　　　　　　）んだが、まだ読んでいません。
② （暑い➡　　　　　　　　　）、韓国の夏は日本に比べて過ごしやすい。
③ （台所の広さ・駅までの距離➡　　　　　　　　　　　　　　　　）
家を借りるときに注意しなければいけない点は多い。
④ こんなにたくさんの仕事を1日で（やる➡　　　　　　　　　）なんて、無理だ。

1 ◯◯◯ の中の言葉を一つ選んで、適当な形にして _____ に書きなさい。

> 役立つ　　選ぶ　　楽しみにする　　高まる　　目的地

① 日本語の表現力が_________たと、先生にほめられました。
ひょうげんりょく

② ことわざを覚えると、日常の会話にも_________ことが多い。
にちじょう　　かい わ

③ 来月から日本に留学することを、とても_________ている。
りゅうがく

④ 彼は日本ではなく、韓国で生活することを_________だ。
せいかつ

2 次の言葉を使って短文を作りなさい。

① 속담의 특징은 짧은 말 속에 깊은 의미가 있다는 것이다. (特徴、深い、意味)
とくちょう　ふか

→ ____

② 세상에는 다양한 사람들이 있지만, 어떤 때든 서로 돕는 것이 중요하다.
(世の中、さまざまな、助け合い)
よ　なか　　　　　　たす　あ

→ ____

③ 학교에서 집으로 돌아오는 길에 멀리 돌아가면 일상과 다른 풍경을 볼 수 있었다.
(遠回り、日常、景色)
とおまわ　　　　　けしき

→ ____

④ 취미와 공부를 동시에 진행하면 어느 쪽도 성공하기 어렵다.
(同時、進める、成功)
どう じ　すす　　せいこう

→ ____

018 mp3

A 先週、富士山に登ったんだけど、途中で体調が悪くなって大変だったんだ。

B えっ、大丈夫だったの？

A うん、頭が痛くなって、(❶　　　　) に荷物を持ってもらいながら進んだの。途中の店で毛布を貸してもらって休んだら、楽になったからよかったよ。

B それってまさに、「旅は (❷　　　　) 世は (❸　　　　)」って感じだね。

A そうそう。みんなに助けてもらえたから、疲れても気持ちが楽だったよ。

B それはよかったね。(❹　　　　) って本当に大切だよね。

A うん、私も (❺　　　　) の人にもっと (❻　　　　) を持たなくちゃって思ったよ。

B 大変な時に助けてもらうと、(❼　　　　　) の大切さがさらに (❽　　　　　) ね。それで、(❾　　　　) 上まで登れたの？

A うん、登れた。富士山の上で食べた (❿　　　　) がすっごくおいしくて、感動したよ。

B ええ？感動って、景色にじゃないの！？

10

<ruby>食<rt>しょく</rt></ruby><ruby>文<rt>ぶん</rt></ruby><ruby>化<rt>か</rt></ruby>

식문화

세상에는 나라별로 제각기 다른 식문화가 있으며,
요리나 조리법, 식사 예절 등이 크게 다릅니다.
이웃 나라 일본의 식문화는 어떨까요?
또 다른 나라의 식문화를 배워야 하는 이유는 무엇일까요?

주요문형

～では / ～とは限らない / ～をもとに(して) / ～てはじめて

019 mp3 ▶

　私たちは何かを食べなければ、生きていくことさえできません。食べることは人間の生活の一部です。海外旅行をする時の楽しみの一つは、その国の料理を食べることでしょう。国によって料理に使う素材や味つけ、盛りつけや料理の方法もさまざまです。料理には、その国の文化が表れていると言えます。

　和食として有名なものは、すし、てんぷら、刺身などです。昔は、魚を生のまま食べる刺身や、においが強い納豆などは、外国人にはあまり受け入れられなかったようです。しかし、今では、世界中にすしレストランが増え、海外のスーパーで納豆を手に入れられる機会も多くなりました。

　ただし、和食はすべて日本人が作ったものとは限りません。和食の中には、外国から伝わってきたものも多くあります。ラーメンやカレーライスなどもその例ですが、日本風にアレンジされ、日本で長く愛されています。逆に、和食をもとにして外国でアレンジされ、また日本に入ってきたカリフォルニアロールのようなものもあります。料理には、国同士の交流や歴史も表れているのです。

　また、食事のマナーにもその国の文化が表れます。日本では、ご飯を左、みそ汁を右に置き、その前に箸を横にして置きます。そして、食べる時は器を手に持って、箸で食べます。箸をなめたり、食べ物の器を箸で自分のほうに引き寄せたりするのは、マナーが悪いとされています。その国の食文化がわからないと、失礼な人、マナーを知らない人と思われてしまうかもしれません。

　このように、料理や食事のマナーを知ることは、その国の文化を知ることです。言葉が通じれば、コミュニケーションはできるかもしれません。しかし、言語だけでなく、文化を知ってはじめて、その国のことを本当に理解できるのではないでしょうか。

 주어진 질문에 맞는 답을 본문에서 찾아 써 봅시다.

1 「料理にはその国の文化が表れている」というのは、なぜですか。

➡ --

2 刺身や納豆は、昔からずっと外国でも人気がありましたか。

➡ --

3 外国との交流を表す和食には、どのようなものがありますか。

➡ --

4 日本の食事のマナーとは、どのようなものですか。

➡ --

5 その国の料理や食事のマナーを知ることが、なぜ必要ですか。

➡ --

단어 및 표현

□ 海外旅行 해외여행	□ 素材 소재, 재료	□ 味つけ 맛을 낸, 간 맞추기
□ 盛りつけ 그릇에 담기	□ 方法 방법	□ 表れる 나타나다
□ 和食 일식	□ 刺身 회	□ 生 생, 날 것
□ におい 냄새	□ 受け入れる 받아들이다	□ スーパー 슈퍼
□ 手に入れる 손에 넣다	□ 機会 기회	□ 伝わる 전해지다
□ 例 예	□ 日本風 일본풍, 일본식	□ アレンジする 바꾸다, 각색하다
□ 逆に 반대로	□ 〜同士 ~끼리	□ 交流 교류
□ 歴史 역사	□ マナー 매너, 예의	□ みそ汁 된장국
□ 箸 젓가락	□ 横 가로	□ 器 그릇
□ なめる 핥다	□ 引き寄せる 끌어당기다	□ 失礼な 무례한
□ 通じる 통하다	□ コミュニケーション 커뮤니케이션	□ 言語 언어
□ 理解 이해		

문형 연습

1 ～では　~에서는, ~으로는

수단·기준·시간·장소 등을 나타내는 명사에 붙어, '그러한 수단·기준·시간·장소에서는'이라는 의미를 나타낸다.

・私の家では、毎晩7時に夕食を食べます。

・見た目だけでは、その人の性格まではわからない。

・ここからソウル駅までどんなに急いでも1時間では行けない。

2 ～とは限らない　~라고는 할 수 없다

'~이 반드시 옳다고 하기 어렵다', '~라고 정해져 있지 않다'라는 의미를 나타낸다.

・日本語教師が全員日本人とは限らない。

・台風が来ているからといって、学校が休みになるとは限らない。

・あなたがいくら結婚したくても、彼女がしてくれるとは限らないよ。

～をもとに(して)　~을 토대로 (해서)

'~을 재료나 토대로 삼아'라는 의미이다.

- 海外での経験をもとにしてエッセイを書いた。
  かいがい　　　けいけん

- 彼から聞いた話をもとに、彼の地元の料理を作ってみた。
  　　　　　　　　　　　　　じもと

- お客様からの意見をもとに、もっといい製品を作れるように努力します。
  きゃくさま　　　いけん　　　　　　　　　せいひん　　　　　　　どりょく

4　～てはじめて　~해서야 비로소

어떤 일이나 사건을 계기로 그전까지는 생각하지 못했던 점이나 신경 쓰지 않았던 부분을 알게 되었다는 의미로 쓴다.

- 一人暮らしをしてはじめて、家族の大切さがわかった。
  ひとり　ぐ

- 彼が亡くなってはじめて、今までの彼の作品が評価されるようになった。
  　　な　　　　　　　　　　　　　さくひん　ひょうか

- 外国語を勉強してはじめて、自分の国の言葉について深く考えるように
  　　　　　　　　　　　　　　　　　　　　　　ふか　　かんが
  なった。

단어 및 표현

- □ 夕食 저녁(밥)
  ゆうしょく
- □ 教師 교사
  きょうし
- □ エッセイ 에세이, 수필
- □ 製品 제품
  せいひん
- □ 作品 작품
  さくひん

- □ 見た目 겉보기, 외관
  　み　め
- □ 台風 태풍
  たいふう
- □ 地元 지방, 그 고장
  じもと
- □ 努力する 노력하다
  どりょく
- □ 評価する 평가하다
  ひょうか

- □ 性格 성격
  せいかく
- □ 経験 경험
  けいけん
- □ 意見 의견
  いけん
- □ 亡くなる 죽다, 사망하다
  　な

1 文型

1 　◯◯◯の中の言葉を入れて文を完成させなさい。

> では　　とは　　もとに　　はじめて

① 今（　　　　　）世界中にすしレストランが増えました。
　せかいじゅう　　　　　　　　　　　ふ

② 和食を（　　　　　）して外国でアレンジされた料理もある。
　わしょく

③ 文化を知って（　　　　　）その国のことを理解できる。
　ぶんか　　　　　　　　　　　　　　　　りかい

④ 和食はすべて日本人が作ったもの（　　　　　）限らない。
　　　　　　　　　　　　　　　　　　　　　　かぎ

2 　◯◯◯の中の言葉と（　　）の言葉を使って、文を完成させなさい。

> ～では　　～とは限らない　　～をもとに　　～てはじめて

① これは、本当に起こった（事件 ➡　　　　　　　　）書かれた小説です。
　　　　　　　　　　お　　　　じけん　　　　　　　　　　　　しょうせつ

② 今朝37度の熱があったが、このぐらいの（熱 ➡　　　　　　）会社を
　　　　　ど　ねつ
休めない。

③ お金持ちだからといって、（幸せ ➡　　　　　　　　　　　　　）。
　かねも　　　　　　　　　しあわ

④ 彼女に（出会う ➡　　　　　　　　　　　）、恋というものを知った。
　　　　で　あ　　　　　　　　　　　　　　こい

1　◯◯◯◯の中の言葉を一つ選んで、適当な形にして＿＿＿に書きなさい。

> 受け入れる　　楽しみ　　なめる　　表れる　　通じる

① この店には英語とフランス語が＿＿＿＿店員（てんいん）がいます。

② あなたのご両親（りょうしん）に会えることを、＿＿＿＿にしています。

③ 料理をしているとき、指（ゆび）を＿＿＿＿ないでください。

④ 引（ひ）っ越（こ）ししてきた彼も、クラスメートとしてみんなに＿＿＿＿ました。

2　次の言葉を使って短文を作りなさい。

① 홈페이지에 쓰여 있는 방법을 잘 읽고 예약해 주십시오. (方法（ほうほう）、予約（よやく）する)

➡ ＿＿＿＿＿＿＿＿＿＿＿＿＿＿＿＿＿＿＿＿＿＿＿＿＿＿＿＿＿

② 사람의 눈을 보고 솔직하게 이야기하면 마음은 전해집니다.
(正直（しょうじき）に、気持（きも）ち、伝（つた）わる)

➡ ＿＿＿＿＿＿＿＿＿＿＿＿＿＿＿＿＿＿＿＿＿＿＿＿＿＿＿＿＿

③ 예의없는 사람이라고 생각되지 않도록 확실하게 매너를 공부합시다.
(失礼（しつれい）な、マナー)

➡ ＿＿＿＿＿＿＿＿＿＿＿＿＿＿＿＿＿＿＿＿＿＿＿＿＿＿＿＿＿

④ 젓가락으로 그릇을 끌어당기지 말고, 손으로 그릇을 들고 드세요. (箸（はし）、器（うつわ）)

➡ ＿＿＿＿＿＿＿＿＿＿＿＿＿＿＿＿＿＿＿＿＿＿＿＿＿＿＿＿＿

다음은 본문과 관련된 회화입니다. 들으면서 빈칸을 채우세요.

020 mp3

A　この前の韓国旅行、どうだった？

B　やっぱり韓国料理がおいしかったよ。和食とは、(❶　　　　) も
(❷　　　　) も違うし。でも、ちょっと失敗しちゃった。

A　失敗って？

B　器を手で持って食べることは、韓国では (❸　　　) ことなんだって。
(❹　　　　　　　)、それがダメだって気付いたの。

A　へえ。日本では、手で持って食べないと (❺　　　　) が悪いって
言われるのに。

B　ね。日本のやり方が世界に (❻　　　　　　) 限らないって、
勉強になったわ。

A　海外に行くと、(❼　　　) が恋しくならない？

B　そうそう。旅行中、みそ汁を食べたくてしかたがなくて、帰ってきて
すぐ作って食べたよ。

A　最近は、海外でも和食が食べられるけど、(❽　　　　　　　)
いるものも多いよね。

B　和食を (❾　　　　)、その国の人に合わせて素材や味を変えている
んだろうね。でも、世界中で和食が食べられるって、すごいことじゃ
ない？

A　そうだよね、外国で「すし、てんぷら」って言っても通じるし。
料理を通じて (❿　　　　　) ができるって、すばらしいことだね。

11

<ruby>日<rt>に</rt>本<rt>ほん</rt></ruby>の<ruby>行<rt>ぎょう</rt>事<rt>じ</rt></ruby>

일본의 행사

일본에서는 일 년 내내 수많은 행사, 축제가 열립니다.
계절, 지역에 따라 각양각색의 축제가 있는데요.
어떤 행사가 있는지 그리고 이러한 행사가 열리는 이유는 무엇인지 읽어 봅시다.

주요문형

〜を〜に(して) / 〜というのは / …から〜にかけて / 〜を通して

昔から日本では季節に合わせてさまざまな行事が行われてきました。

春には、5月5日のこどもの日があります。もともと、男の子の成長と幸せを願って祝う日でしたが、今は子どもたちみんなをお祝いする日になりました。日本では、こどもの日に「こいのぼり」を飾ります。こいのぼりは、コイの家族を表しています。黒いコイがお父さん、赤いコイがお母さん、その下に子どものコイがいます。なぜこいのぼりが魚のコイをモデルにしているかというと、多くの魚が滝を登ろうとした時に、コイだけが登りきって竜になったという中国の昔話があるからです。

夏の行事といえば、七夕です。七夕は、毎年7月7日に、願いごとを書いたたんざくを笹の葉に飾り、星にお願いをする行事です。七夕は織姫と彦星が一年に一度だけ会える日で、人々の願いもかなえてくれるという伝説があるのです。また、夏には日本中でさまざまなお祭りが行われています。花火をしたり、屋台を出したりして、たくさんの人が集まるお祭りは、元気を与えてくれます。

秋には月見をします。月見というのは、ススキの葉や団子などを置き、みんなで食事やお酒を楽しみながらきれいな月を見る行事です。日本では、奈良・平安時代から月見をしていたと言われています。

冬、12月31日のおおみそかから1月1日にかけて、人々は年越しそばを食べ、除夜の鐘を聞きながら正月を迎えます。正月は新しい年を祝い、お世話になった人に年賀状を出したり、子どもにお年玉をあげたり、初もうでに行ったりします。

2月には節分があります。これは、「オニは外、福は内」と言いながら豆をまき、まかれた豆を自分の年の数だけ食べるというものです。オニ、つまり悪いものを外に追い出し、一年中元気に過ごすことを願う行事です。

このように、日本には一年を通してさまざまな行事があります。多くの行事は、みんなで楽しみながら、健康や幸福を願うためにするものです。これからも、このような行事は日本の文化として、長く続いていくでしょう。

1 こいのぼりが魚のコイをモデルにしているのは、なぜですか。

→ ____

2 七夕の日に、星にお願いをする理由は何ですか。

→ ____

3 月見はどのような行事ですか。

→ ____

4 日本では正月にどのようなことをしますか。

→ ____

5 行事とは、何のためにするものですか。

→ ____

단어 및 표현

□ 行事 행사	□ 行う 실시하다, 행하다	□ もともと 원래, 본래
□ 成長 성장	□ 幸せ 행복	□ 祝う 축하하다, 축복하다
□ 飾る 장식하다	□ コイ 잉어	□ 表す 나타내다
□ モデル 모델	□ ～かというと ~하는가 하면	□ 滝 폭포
□ 登りきる 끝까지 올라가다	□ 竜 용	□ 昔話 옛날이야기
□ ～といえば ~라고 하면	□ 願いごと 소원	□ たんざく 길고 가늘게 자른 종이
□ 笹の葉 대나무잎	□ 織姫 직녀	□ 彦星 견우성
□ かなえる 이루다, 이루어 주다	□ 伝説 전설	□ 花火 불꽃놀이
□ 屋台 포장마차	□ 与える 주다	□ 月見 달구경
□ ススキ 억새	□ 団子 경단(떡)	□ おおみそか 섣달 그믐날
□ 年越しそば 섣달 그믐날에 먹는 국수	□ 除夜の鐘 제야의 종	□ 迎える 맞이하다
□ 年賀状 연하장	□ お年玉 세뱃돈	□ 初もうで 새해 첫 참배
□ 節分 계절이 바뀌는 때, 특히 입춘 전날	□ 豆 콩	□ まく 뿌리다
□ 追い出す 쫓아내다	□ 健康 건강	□ 幸福 행복

1　〜を〜に(して)　~을 ~으로(해서)

「AをBに(して)」의 형태로, 어떤 상황에서 A는 B임을 나타낼 때 사용한다.

・次の舞台を最後に、彼女は引退することになっている。

・先生が書いたものをお手本にして、漢字を書いてみなさい。

・子どものころ、彼の歌を聴いたのをきっかけに、歌手を目指すように
なった。

2　〜というのは　~란, ~라는 것은

어떤 단어의 의미를 말할 때 사용한다.

・パソコンというのは、パーソナルコンピューターを略した言葉です。

・赤字というのは、入ってくるお金より出ていくお金が多いことを表す言葉です。

・友情というのは、互いを大切にして、助け合っていくことです。

단어 및 표현

□ 舞台 무대, 극　　　　□ 引退する 은퇴하다　　　□ お手本 본보기, 모범

□ きっかけ 계기　　　　□ 目指す 목표로 삼다, 지향하다　　□ 略す 생략하다

□ 赤字 적자　　　　　　□ 友情 우정　　　　　　□ (お)互い 서로

□ 助け合う 서로 돕다

장소나 시간 등, 그다지 확실하지 않은 범위를 나타낼 때 사용한다.

・今夜から明日の朝にかけて大雨が降るそうだ。
　こんや　　　　　　　　　　　おおあめ

・関東地方から東北地方にかけて、地震の影響が出ています。
　かんとう ち ほう　　とうほく　　　　　　　　じ しん　えいきょう

・7月から9月にかけて、道路工事を行います。
　　　　　　　　　　　　どう ろ こう じ　おこな

'~동안 계속 같은 상태이다'라고 말하고자 할 때 사용한다.

・私の国は、年間を通して暖かいです。
　　　　　　ねんかん　とお　　あたた

・母は一生を通して子どものために働き続けました。
　　いっしょう　　　　　　　　　はたら　つづ

・大学時代の4年間を通してアルバイトを続け、貯金をした。
　　　じ だい　　　　　とお　　　　　　　　　　ちょきん

단어 및 표현

□ **大雨** 큰비, 폭우　　　　□ **関東地方** 관동 지방　　　□ **東北地方** 동북 지방
　おおあめ　　　　　　　　　かんとう ち ほう　　　　　　とうほく ち ほう

□ **地震** 지진　　　　　　　□ **影響** 영향　　　　　　　□ **道路工事** 도로 공사
　じ しん　　　　　　　　　　えいきょう　　　　　　　　　どう ろ こう じ

□ **暖かい** 따뜻하다　　　　□ **一生** 일생, 평생　　　　□ **働き続ける** 계속 일하다
　あたた　　　　　　　　　　いっしょう　　　　　　　　　はたら　つづ

□ **貯金** 저금
　ちょきん

1 文型

1 ___ の中の言葉を入れて文を完成させなさい。

> して　　いうのは　　かけて　　通して

① 月見と（　　　　　　）、きれいな月を見る行事のことです。

② 7月から9月に（　　　　　　）、日本中でたくさんのお祭りが行われます。

③ 一年を（　　　　　　）、日本にはさまざまな行事があります。

④ こいのぼりはコイをモデルに（　　　　　）います。

2 ___ の中の言葉と（　　）の言葉を使って、文を完成させなさい。

> ～にして　　～というのは　　～にかけて　　～を通して

① （学校生活 ➡　　　　　　　　　　　　）、たくさんの思い出ができました。

② ある人との出会いを（きっかけ ➡　　　　　　　）、彼は変わりました。

③ （幸運 ➡　　　　　　　）、だれにでもやって来るものです。

④ 春から（夏 ➡　　　　　）、このあたりでは、きれいな花が咲きます。

 言葉の使い方

1 ◯◯◯の中の言葉を一つ選んで、適当な形にして ＿＿＿ に書きなさい。

> 迎える　　飾る　　祝う　　登る　　与える

① 父の誕生日を＿＿＿＿＿くれて、ありがとうございます。

② クリスマスが近づくと、街中にクリスマスツリーが＿＿＿＿＿ます。

③ 山道を急いで＿＿＿＿＿とした時に、けがをしてしまいました。

④ もうすぐ、新年を＿＿＿＿＿としています。

2 次の言葉を使って短文を作りなさい。

① 포기하지 않으면, 꿈은 반드시 이룰 수 있습니다. (あきらめる、必ず、かなえる)

→ ＿＿＿＿＿＿＿＿＿＿＿＿＿＿＿＿＿＿＿＿＿＿＿＿＿＿＿＿＿＿

② 작년 여름에 씨를 뿌렸으니 이제 곧 꽃이 필 것입니다. (種、まく、咲く)

→ ＿＿＿＿＿＿＿＿＿＿＿＿＿＿＿＿＿＿＿＿＿＿＿＿＿＿＿＿＿＿

③ 여기서 넘어지면 3년 만에 죽어 버린다는 전설이 있습니다. (転ぶ、伝説)

→ ＿＿＿＿＿＿＿＿＿＿＿＿＿＿＿＿＿＿＿＿＿＿＿＿＿＿＿＿＿＿

④ 여름을 맞이하기 전에, 에어컨 청소를 하는 게 좋습니다. (迎える、エアコン)

→ ＿＿＿＿＿＿＿＿＿＿＿＿＿＿＿＿＿＿＿＿＿＿＿＿＿＿＿＿＿＿

022 mp3

A　もうすぐ3月だね。

B　そうね。春の行事はたくさんあるけど、私は特に、5月5日のこども
　　の日が楽しみ。

A　へぇ。何をするの？

B　子どもの成長と（❶　　　　　　）を願って、こいのぼりを（❷　　　　　　）
　　んだよ。うちのこいのぼりは、お父さん、お母さん、子どものコイが
　　セットになってるの。

A　あ、それ、見たことある。魚みたいなやつでしょう。

B　魚のコイを（❸　　　　　　　　）いるからね。滝を（❹　　　　　　　　）
　　コイが竜になったっていう中国の（❺　　　　　　）があるんだって。

A　7月7日も、何かをお願いする日なんでしょう？

B　七夕ね。願いごとを（❻　　　　　　　　）に書いて、星にお願いする日よ。

A　なんで星にお願いするの？

B　七夕（❼　　　　　　　）、空にいる織姫と彦星が一年に一回だけ会える日
　　と言われているの。だから、その日だけお願いを（❽　　　　　　　　）
　　んだって。

A　へぇ、すてきな（❾　　　　　　　）だね。じゃあ僕も、たくさんお願いす
　　るために、今から考えておかなくちゃ。

B　よくばりね。願いごとは普通、一人一つよ。

<ruby>宝<rt>たから</rt>塚<rt>づか</rt></ruby>

다카라즈카

모든 단원이 여성인 일본의 '다카라즈카 가극단'을 알고 있나요?
노래나 춤 실력에 더해 의상이나 무대 장치에도 공들인
화려한 무대는 많은 사람들을 매료시키고 있습니다.
다카라즈카 가극단에는 어떠한 역사와 특징이 있을까요?

주요문형

~しかない / ~ばかりでなく / ~最中(に) / ~かわりに

023 mp3

　日本には、「宝塚歌劇団」という女性だけの劇団があります。「宝塚」や「ヅカ」とも呼ばれています。1913年に兵庫県宝塚市で作られてから100年以上続く、歴史がある劇団です。宝塚の舞台を見るためには、兵庫県の宝塚大劇場まで行くしかないと思うかもしれません。しかし、東京都にも東京宝塚劇場があり、ほとんどの作品はどちらの劇場でも見られます。

　宝塚の最大の特徴は、団員がすべて女性だということです。男性の役を演じる人は「男役」、女性の役を演じる人は「娘役」と呼ばれます。宝塚には、花組、月組、雪組、星組、宙組という五つの組があります。各組に団員は約80名いますが、特に有名なのが、各組に一人ずついるトップスターです。人気ばかりでなく、実力、容姿、スター性などを持った男役がトップスターに選ばれます。トップスターは劇団を辞めるまで、その組の舞台の主役を演じ続けるのです。

　宝塚の舞台は、歌やダンスばかりでなく、華やかな衣装や豪華な舞台装置も有名です。舞台の最中に、次から次へと衣装が変わったり、巨大な階段が現れたりと、観客が驚くような仕組みもあります。どこを見ても夢のような世界です。

　しかし、舞台が華やかに見えるかわりに、団員たちは厳しい練習をしています。宝塚の団員になるには、宝塚音楽学校で2年間の教育を受けなくてはなりません。声楽、バレエ、タップダンス、演劇などの技術ばかりでなく、礼儀やマナーも厳しく教えられます。音楽学校を卒業して入団したあとも、こうした練習と努力を続けることで、観客を感動させる舞台を作り出しているのです。

　このように、宝塚は、日本を代表する舞台文化の一つと言えるでしょう。

1 「宝塚歌劇団」はいつ、どこで作られましたか。
たからづか か げきだん

→ --

2 宝塚歌劇団の舞台はどこで見られますか。
ぶ たい

→ --

3 トップスターが特に有名なのは、なぜですか。
とく

→ --

4 宝塚の舞台はどんなことで有名ですか。

→ --

5 宝塚の団員になるためには、何をしなければなりませんか。
だんいん

→ --

단어 및 표현

□ ～だけ ~뿐	□ 劇団 극단 げきだん	□ 歴史 역사 れきし
□ 舞台 무대, 극 ぶ たい	□ 劇場 극장 げきじょう	□ ほとんど 대부분
□ 最大 최대 さいだい	□ 特徴 특징 とくちょう	□ 団員 단원 だんいん
□ 役 역, 역할 やく	□ 演じる 연기하다 えん	□ 特に 특히 とく
□ 実力 실력 じつりょく	□ 容姿 용모와 자태 ようし	□ スター性 스타성 せい
□ 辞める 그만두다 や	□ 主役 주역 しゅやく	□ 華やかな 화려한 はな
□ 衣装 의상 い しょう	□ 豪華な 호화로운 ごう か	□ 装置 장치 そうち
□ 次から次へと 차례차례로 つぎ つぎ	□ 巨大な 거대한 きょだい	□ 現れる 나타나다 あらわ
□ 観客 관객 かんきゃく	□ 驚く 놀라다 おどろ	□ 仕組み 구조, 장치, 시스템 し く
□ 厳しい 혹독하다, 엄격하다 きび	□ 声楽 성악 せいがく	□ バレエ 발레
□ タップダンス 탭댄스	□ 演劇 연극 えんげき	□ 技術 기술 ぎ じゅつ
□ 礼儀 예의 れい ぎ	□ マナー 매너, 예의	□ 入団する 입단하다 にゅうだん
□ 努力 노력 ど りょく	□ 感動する 감동하다 かんどう	□ 作り出す 만들어 내다, 생산하다 つく だ

문형 연습

1 ～しかない ~하는 수밖에 없다, ~해야 한다

'~을 제외하고는 다른 방도가 없다'는 것을 나타낸다.

・事故でけがをした妹を助けるためには、早く手術をする**しかない**。

・電車が事故で止まってしまったので、家まで歩いて帰る**しかなかった**。

・お金がないのなら、留学はあきらめる**しかない**。

2 ～ばかりでなく ~뿐 아니라

「AばかりでなくB(も)」의 형태로 'A는 물론이거니와 B(도)'라는 의미를 나타낸다.

・その意見に、クラスメート**ばかりでなく**学校中の生徒が賛成した。

・日本の夏は気温**ばかりでなく**湿度も高いので、過ごしにくい。

・このアニメは子ども**ばかりでなく**、大人も楽しめます。

단어 및 표현

□ 事故 사고	□ けがをする 다치다, 부상을 입다	□ 助ける 구하다, 살리다
□ 手術 수술	□ あきらめる 단념하다	□ 意見 의견
□ 生徒 학생(보통 초, 중, 고 학생)	□ 賛成する 찬성하다	□ 気温 기온
□ 湿度 습도		

3 **〜最中(に)**　한창 ~하는 중(에)

'한창 ~하는 중(에)'라는 의미를 나타낸다. 앞에 동사가 오는 경우 「〜ている」의 형태를 취한다.

・友人に夫のことを話している最中に、彼から電話がかかってきた。

・シャワーを浴びている最中に配達が来たため、荷物を受け取ることができなかった。

・結婚式の最中に具合が悪くなり、倒れてしまった。

4 **〜かわりに**　~대신에

'누군가, 무엇인가를 대신하여 다른 사람이나 물건이'라는 의미를 나타낸다.

・宿題を手伝ってあげるかわりに、今度ご飯をおごってね。

・忙しくて来られない彼のかわりに部下が書類を届けに来た。

・そんな中途半端な気持ちでは、失敗もしないかわりに、大成功することもないだろう。

- 友人 친구
- 荷物 짐
- 倒れる 쓰러지다
- 書類 서류
- 失敗 실패, 실수
- シャワーを浴びる 샤워를 하다
- 受け取る 받다, 수취하다
- おごる 한턱내다
- 届ける 보내다, 전하다
- 大成功 대성공
- 配達 배달
- 具合 형편, 상태, 몸 상태
- 部下 부하
- 中途半端な 어중간한, 엉거주춤한

1 文型

1 ◯◯◯◯ の中の言葉を入れて文を完成させなさい。

> しか　　　ばかり　　　最中　　　かわり

① 男性が出ない (　　　　　) に、女性が男性の役も演じます。

② トップスターになるには、人気 (　　　　　) でなく、実力や容姿も重要です。

③ 宝塚の団員になりたければ、宝塚音楽学校に受かる (　　　　　) ありません。

④ 舞台を見ている (　　　　　) に、大きな音がしたので、驚きました。

2 ◯◯◯◯ の中の言葉と (　　) の言葉を使って、文を完成させなさい。

> ～しかない　　～ばかりでなく　　～最中　　～かわりに

① そのゲームは (日本 ➡　　　　　　　　) 世界中で人気になりました。

② 集中できないので、(勉強する ➡　　　　　　　　　) に話しかけない
でください。

③ (水 ➡　　　　　　　　) ミルクを入れると、もっとおいしくなりますよ。

④ 昨日は、彼が行けなくなったので、私が (行く ➡　　　　　　　　　)
のです。

1 ◯◯◯ の中の言葉を一つ選んで、適当な形にして ＿＿＿ に書きなさい。

> 驚く　　入団する　　演じる　　現れる　　感動する

① よい人を＿＿＿＿＿ことはできても、本当の性格はなかなか変えられません。

② 雨が止むと、雲の間からきれいな虹が＿＿＿＿＿ました。

③ 兄からの手紙を読んだ母は、＿＿＿＿＿て泣きだしました。

④ 料理の値段が思ったよりかなり高かったので、＿＿＿＿＿てしまいました。

2 次の言葉を使って短文を作りなさい。

① 이 미술관은 100년 이상 전에 세워진 역사 있는 건물입니다.

(美術館、建てる、歴史)

→ ＿＿＿＿＿＿＿＿＿＿＿＿＿＿＿＿＿＿＿＿＿＿＿＿

② 그녀는 어릴 때부터 발레와 탭댄스를 배웠기 때문에 춤을 잘 춥니다.

(バレエ、タップダンス、習う)

→ ＿＿＿＿＿＿＿＿＿＿＿＿＿＿＿＿＿＿＿＿＿＿＿＿

③ 노력하지 않고 꿈을 이룰 수 있다고 생각해서는 안 됩니다. (努力、夢、かなえる)

→ ＿＿＿＿＿＿＿＿＿＿＿＿＿＿＿＿＿＿＿＿＿＿＿＿

④ 아무리 용모와 자태가 좋아도 예의가 없으면 사회에서 성공할 수 없습니다.

(容姿、礼儀、成功する)

→ ＿＿＿＿＿＿＿＿＿＿＿＿＿＿＿＿＿＿＿＿＿＿＿＿

다음은 본문과 관련된 회화입니다. 들으면서 빈칸을 채우세요.

024 mp3

A　先週、初めて宝塚歌劇団の舞台を見に行ったんだ。

B　えー、いいなぁ。有名な (❶　　　　　　　　) の劇団でしょ。

宝塚市って兵庫県だよね。そこまで見に行ったの？

A　ううん。東京にも (❷　　　　　　) があるから、そこで見たの。

「エリザベート」っていう昔のオーストリア皇后の話なんだけど、

(❸　　　　　　　) がとってもきれいで、(❹　　　　　　) だった。

B　でも、皇帝とか皇太子とか、男性の (❺　　　　　　) もあるよね。

それも、全部女性が (❻　　　　　　) ってこと？

A　もちろん。でも、舞台を (❼　　　　　　)は、女性ってことを

忘れるぐらいかっこよくて、(❽　　　　　　)。

B　へぇ。僕も一度見てみたいなあ。でも、宝塚を見るときのマナーって

(❾　　　　　) んでしょ。

A　そんなことないよ。他の舞台や映画を見るときと同じ。

他の人のじゃまにならないように、静かに見ればいいの。

B　そうなんだ。じゃあ、今度の休みは映画を (❿　　　　　　)、

宝塚を見に行ってみようかな。

ハロウィン

핼러윈

핼러윈은 서양에서 전해진 풍습입니다.
핼러윈은 일본에서 어떻게 받아들여지고, 또 어떻게 변화해 왔을까요?

주요문형

～おかげで / ～反面 / ～から / ～はずがない

025 mp3

　ハロウィンはもともとヨーロッパの古いお祭りで、新年が始まる11月1日の前の日に夏の終わりを祝い、悪い霊を追い出すために行われていました。アメリカに伝わってからは、子どもたちが仮装をして近所の家を回り、「トリック・オア・トリート」と言ってお菓子をもらう行事になりました。

　日本でハロウィンが広まったのは、1990年代後半です。東京ディズニーランドやユニバーサル・スタジオ・ジャパンでハロウィンイベントが行われたおかげで、多くの人が仮装を楽しむようになりました。90年代の初めから、すでにアニメ・ゲーム・まんがなどのキャラクターになりきるコスプレ文化が広まっていた日本で、ハロウィンの仮装が広まらないはずがありません。若者は衣装を着て街を歩くことへの抵抗が少なかったため、ハロウィンは自然に若者文化として受け入れられたのです。そのため、日本のハロウィンは、アメリカのように子どもがお菓子をもらう行事ではなく、大人や若者が仮装して街に集まるイベントとして発展しました。さらに、SNSの普及で、自分の仮装した写真を発信しやすくなったこともハロウィンの人気を高めました。

　しかし、その反面、イベントでさわぎすぎる人、道路でお酒を飲む人、街にごみを捨てる人などが多くいて、社会問題になりました。特に東京・渋谷では、毎年10月31日の夜に「DJポリス」という警察官がマイクで人々を誘導しなければならないほど、混雑して危険でした。このような状況から、渋谷区では、2023年からハロウィンのお祝いが禁止されるようになりました。

　最近では、仮装イベントを昼間に行ったり、オンラインで楽しんだりするように変わってきました。また、10〜20代の若者だけではなく、30代の親とその子どもが参加できるイベントも増えてきました。ハロウィンは楽しいイベントですが、マナーを守って安全に楽しむことが大切です。

1 日本ではどんなきっかけでハロウィンが広まりましたか。

➡ --

2 なぜ日本の若者は衣装を着て街を歩くことへの抵抗が少なかったのですか。

➡ --

3 なぜ渋谷区では、ハロウィンのお祝いが禁止されるようになったのですか。

➡ --

4 最近では、ハロウィンはどのように変わってきましたか。

➡ --

5 ハロウィンを楽しむために大切なことは何ですか。

➡ --

단어 및 표현

- もともと 원래, 본래
- 追い出す 쫓아내다
- 仮装 가장, 위장
- 行事 행사
- イベント 이벤트
- コスプレ 코스프레, 분장놀이
- 自然に 자연스럽게
- さらに 게다가
- 高める 높이다
- ＤＪポリス 복잡한 현장에서 마이크를 들고 시민을 유도하는 경찰관의 모습이 마치 DJ 같다는 인상에서 만들어진 별명
- 警察官 경찰관
- 状況 상황
- マナー 매너, 예의

- 新年 신년
- 行う 실시하다, 행하다
- トリック・オア・トリート 트릭 오어 트릿(핼러윈에 외치는 문구)
- 広まる 넓어지다, 널리 퍼지다
- すでに 이미, 벌써
- 衣装 의상
- 受け入れる 받아들이다
- 普及 보급
- 反面 반면
- 誘導する 유도하다
- 禁止する 금지하다
- 守る 지키다

- 霊 영혼, 정신, 영
- 伝わる 전해지다
- 後半 후반
- なりきる 완전히 변모하다
- 抵抗 저항
- 発展する 발전하다
- 発信する 전송하다, 업로드하다
- 道路 도로
- 混雑する 혼잡하다, 붐비다
- 参加する 참가하다

문형 연습

1 ～おかげで　~덕분에

좋은 결과의 원인·이유를 나타낸다. 나쁜 결과일 때는 「～せいで」를 쓴다.

・友達に話を聞いていた**おかげで**、彼のうそにだまされなかった。

・先生に勉強を教えてもらった**おかげで**、大学に合格できた。

・あなたが手伝ってくれた**おかげで**、いつもより早く仕事が終わりました。

2 ～反面　~반면

'~와 반대로'라는 의미를 나타낸다. 똑같은 사항에 두 가지 면이 있음을 나타낸다.

・この化粧品は肌にやさしい**反面**、効果が長く続かない。

・彼女は先輩に優しい**反面**、後輩たちにはとても厳しい。

・石とプラスチックからできたこの紙は、水に強い**反面**、熱には弱い。

3 〜から ~때문에

원인이나 이유를 나타낸다.

・運転中の不注意から大事故が起きた。
　うんてんちゅう　ふちゅうい　　だいじこ

・参加者が少なかったことから、そのツアーは中止になった。
　さんかしゃ　　　　　　　　　　　　　　　　　ちゅうし

・事件が起きた時に現場にいたことから、彼が犯人だと疑われた。
　じけん　　　　　げんば　　　　　　　　　はんにん　うたが

4 〜はずがない ~일 리가 없다

'있을 수 없다, 불가능하다'라는 의미로, 가능성이 없음을 나타낼 때 쓴다.

・アメリカに住んでいる彼が、今ここにいるはずがない。

・こんなにたくさんの仕事を、私一人でできるはずがない。

・会社が危機にあることを社長が知らないはずがありません。
　　　　きき　　　　　　　　しゃちょう

단어 및 표현

- だます 속이다
- 肌にやさしい 피부에 순하다
  はだ
- プラスチック 플라스틱
- 大事故 큰 사고
  だいじこ
- 中止 중지
  ちゅうし
- 犯人 범인
  はんにん

- 合格 합격
  ごうかく
- 効果 효과
  こうか
- 熱 열
  ねつ
- 参加者 참가자
  さんかしゃ
- 事件 사건
  じけん
- 疑う 의심하다
  うたが

- 化粧品 화장품
  けしょうひん
- 厳しい 혹독하다, 엄격하다
  きび
- 不注意 부주의
  ふちゅうい
- ツアー 투어, 관광 여행
- 現場 현장
  げんば
- 危機 위기
  きき

1 文型

1 ⬭ の中の言葉を入れて文を完成させなさい。

> おかげ　　　反面　　　から　　　はず

① いつもまじめな木村さんが、ハロウィンの仮装をする（　　　　　　）がない。

② ハロウィンのお祝いを楽しむ人がいる（　　　　　　）、街が混雑して、危険な状況も増えている。

③ 危険な状況になったこと（　　　　　　）、イベントが禁止されるようになりました。

④ ハロウィンが伝わった（　　　　　　）で、新しい楽しみが増えました。

2 ⬭ の中の言葉と（　　）の言葉を使って、文を完成させなさい。

> ～おかげで　　　～反面　　　～から　　　～はずがない

① 彼女がそんなことを（言う ➡　　　　　　　　　）と、僕は信じている。

② 毎日（努力する ➡　　　　　　　　　）、大会で一位を取ることができた。

③ 彼は部長とは飲みに行くほど（仲がよい ➡　　　　　　　　　）、課長とは一言も話さない。

④ 反対する人が（多い ➡　　　　　　　　　）、計画は中止になった。

② 言葉の使い方

1 ◯◯◯ の中の言葉を一つ選んで、適当な形にして ＿＿＿ に書きなさい。

> 高める　　発展する　　発信する　　守る　　普及

① 最近では、子どもたちにもハロウィンが＿＿＿＿している。
　　さいきん

② 日本では、ハロウィンは仮装を楽しむイベントとして＿＿＿＿てきました。
　　　　　　　　　　かそう　たの

③ コスプレをした写真をSNSで＿＿＿＿人が多い。

④ 渋谷でのイベントは、ハロウィンの人気を＿＿＿＿ました。
　　しぶや　　　　　　　　　　　　にんき

2 次の言葉を使って短文を作りなさい。

① 나쁜 영을 쫓는 축제는 여러 나라에 있다. (霊、追い出す、祭り)
　　　　　　　　　　　　　　　　　　　れい　お　だ　まつ

→ ＿＿＿＿＿＿＿＿＿＿＿＿＿＿＿＿＿＿＿＿＿＿＿＿＿＿＿

② 의상을 준비하는 것은 어렵지만, 가장을 하고 다른 캐릭터가 되는 것은 즐겁다.
　(衣装、仮装、なりきる)
　　いしょう

→ ＿＿＿＿＿＿＿＿＿＿＿＿＿＿＿＿＿＿＿＿＿＿＿＿＿＿＿

③ 일본에는 코스프레 문화가 있었기 때문에 가장도 자연스럽게 받아들여졌다.
　(コスプレ、自然に、受け入れる)
　　　　　　　しぜん　　う　い

→ ＿＿＿＿＿＿＿＿＿＿＿＿＿＿＿＿＿＿＿＿＿＿＿＿＿＿＿

④ 거리가 혼잡했기 때문에 경찰관이 이벤트에 참가한 사람을 역까지 유도했다.
　(混雑する、警察官、イベント、参加する、誘導する)
　　こんざつ　　けいさつかん　　　　　　　さんか　　ゆうどう

→ ＿＿＿＿＿＿＿＿＿＿＿＿＿＿＿＿＿＿＿＿＿＿＿＿＿＿＿

026 mp3

A　ねえ、かいくん。今、ディズニーランドでハロウィンの
　　(❶　　　　　　) をやってるんだけど、一緒に (❷　　　　　) しない？

B　え？ハロウィン？もしかして、(❸　　　　　) するの？

A　もちろん！せっかく行くんだから、キャラクターに
　　(❹　　　　　) ほうが楽しめるよ。みんなやってるから、
　　着いたらかいくんも (❺　　　　　) (❻　　　　　　　) と思うよ。

B　ええー、そうかなあ。僕はそういうの、(❼　　　　　) があるな…。

A　そうなの？んー、じゃあ、(❽　　　　　) を着るのが嫌だったら、
　　カチューシャとかマントだけでもいいよ。

B　うん…それもけっこう恥ずかしいけど、じゃあ、そうするよ。

A　やったー！ありがとう。いつにする？楽しみだな。

B　あ、ねえ、SNSで (❾　　　　　) たりしないでよ。

A　えー、つまんない。でも、わかったよ。
　　約束は (❿　　　　　) よ。

14

<ruby>名<rt>な</rt></ruby><ruby>前<rt>まえ</rt></ruby>

이름

이름은 역사나 유행을 반영한 것으로 그 나라의 문화이기도 합니다.
일본에는 약 30만 종의 성이 있다고 합니다.
일본인의 다양한 이름을 보면 어떠한 것을 알 수 있을까요?

주요문형

〜てほしい / 〜とのことだ / 〜にかわって / 〜一方だ

027 mp3

日本では初対面や仕事の場などでは名字に「さん」を付けて「佐藤さん」「鈴木さん」のように呼ぶことが普通です。「下の名前やニックネームで呼んでほしい」という人もいますが、人をフルネームで呼ぶことはほとんどありません。日本には約30万種の名字があると言われています。最も多い名字が「佐藤」で、その次が「鈴木」、「高橋」です。日本人の名字には、地名や職業、風景から取ったものなどがあります。たとえば、「田中」は田んぼの近くに住んでいたことに由来します。また、ある研究者によると、「佐藤」のように「藤」が付く名字は、平安時代の藤原氏がルーツであるとのことです。

下の名前には、時代ごとの傾向があります。明治時代から昭和時代前半生まれの女性の名前には「子」が付くことが多く、男性は「正一」「茂」など、年号や歴代の首相に由来するものが多くありました。最近では、漢字の意味よりも音の響きを重視して子どもの名前を付ける人も多く、ひらがなの名前も人気があります。 また、一目で性別が判断されやすい名前にかわって、性別に関係なく通用する「そら」「あおい」「ひなた」などの名前も、「ジェンダーレスネーム」として人気が高まっているとのことです。

2025年5月26日から、日本では戸籍に氏名のフリガナを記載する制度が始まりました。また、初めて戸籍に記載される赤ちゃんについては、そのフリガナが「氏名として用いられる文字の読み方として一般に認められているものでなければならない」というルールができました。たとえば、「太郎」で「マイケル」のように、まったく読むことができない読み方や、「高」で「ヒクシ」のように、漢字と反対の意味の読み方だと、認められない可能性があります。このようなフリガナだと、読めない名前が増える一方になってしまうからです。他の人に読まれて、覚えられてこそ、名前の価値があるのではないでしょうか。

1　日本人の名字は、どのようなものに由来しますか。
　　　みょう じ　　　　　　　　　　　　　　　　　　　　　　ゆ らい

　　➡ --

2　明治から昭和前半生まれの子どもの名前の傾向とはどのようなものでしたか。
　　　めい じ　　しょう わ ぜんはん う　　　　　　　　　　　　　　けいこう

　　➡ --

3　「ジェンダーレスネーム」とはどのような名前のことですか。

　　➡ --

4　2025年から始まった、赤ちゃんが戸籍に記載される場合のルールとは、どのよ
　　　　　　　　　　　　　　　　　　こ せき　き さい　　　　ば あい
　　うなものですか。

　　➡ --

5　問題4のようなルールができたのは、なぜですか。

　　➡ --

단어 및 표현

初対面 초면, 첫 만남	名字 성씨, 성	ニックネーム 닉네임, 별명
フルネーム 풀 네임, 이름 전체	〜種 ~종	最も 가장
地名 지명	職業 직업	風景 풍경
田んぼ 논	由来する 유래하다	研究者 연구자
〜時代 ~시대	ルーツ 기원, 뿌리	傾向 경향
前半 전반	生まれ 출생	年号 연호
歴代 역대	首相 수상	響き 울림
重視する 중시하다	一目で 한눈에	判断する 판단하다
通用する 통용하다, 통용되다	ジェンダーレス 성의 구분이 없는	高まる 높아지다
戸籍 호적	記載する 기재하다	制度 제도
用いる 사용하다, 이용하다	一般に 일반에게, 일반적으로	認める 인정하다
反対 반대	可能性 가능성	価値 가치

1 ～てほしい ~하길 바란다, ~했으면 좋겠다

다른 사람이나 어떤 사안에 대한 요망이나 희망을 나타낼 때 쓴다.

・今年の夏は暑すぎるので、早く秋がき**てほしい**。

・子どもに元気に育っ**てほしい**と思うのは、親ならだれでも同じだ。

・ジュースを飲んだあとは、きちんとフタをし**てほしい**って言ったでしょ。

2 ～とのことだ ~라고 한다

누군가에게 듣거나 무언가를 읽어서 알게 된 사실을 전할 때 쓴다.

・報告書によると、イベントはすべて予定通り行われた**とのことだ**。

・あの空き地にはデパートが建つ**とのことだ**。

・電話で問い合わせたところ、あの商品はすでに売り切れ**とのことだ**。

3 ～にかわって　～을 대신해서

지금까지 해 왔던 것이나 평소와 달리, 다른 사람이나 사물이 행동의 주체가 된다는 의미를 나타낸다.

・急病のキム先生にかわって今日は私が授業をします。
　きゅうびょう　　　　　　　　　　　　　　　　じゅぎょう

・出張中の部長にかわって、私から説明させていただきます。
　しゅっちょうちゅう　ぶちょう　　　　　　せつめい

・そのうち、彼にかわって青山さんがチーム代表になる日が来るだろう。
　　　　　　　　　　　あおやま　　　　　　だいひょう

4 ～一方だ　～하기만 하다, 점점 더 ~해지다
　　いっぽう

상황이 한쪽 방향으로만 나아가는 것을 나타낸다. 좋지 않은 의미로 쓸 때가 많다.

・部活を辞めてから、太る一方だ。
　ぶかつ　や　　　　ふと　いっぽう

・入院してからも、彼の病気は悪くなる一方だ。
　にゅういん　　　　　びょうき

・どんなに勉強しても成績は下がっていく一方だ。
　　　　　　　　　　せいせき　さ

단어 및 표현

□ フタをする 뚜껑을 덮다
□ ～通り ~대로
　　どお
□ 問い合わせる 문의하다
　と　あ
□ すでに 이미, 벌써
□ 出張 출장
　しゅっちょう
□ 部活 동아리 활동
　ぶかつ

□ 報告書 보고서
　ほうこくしょ
□ 空き地 공터, 빈터
　あ　ち
□ ～たところ ~했더니
□ 売り切れ 다 팔림, 매진
　う　き
□ そのうち 조만간, 머지않아
□ 辞める 그만두다
　や

□ イベント 이벤트
□ 建つ (건물 등이) 서다
　た
□ 商品 상품
　しょうひん
□ 急病 급병, 급환
　きゅうびょう
□ 代表 대표
　だいひょう
□ 成績 성적
　せいせき

1 文型

1 ⬭ の中の言葉を入れて文を完成させなさい。

> とのこと　　　ほしい　　　かわって　　　一方

① 読めない名前や難しい名前は増えていく (　　　　　) です。

② 日本人の名字は、地名や風景から由来するものが多い (　　　　　) です。

③ 「名字にさん付けはやめて、ニックネームで呼んで (　　　　　)」という人
もいます。

④ 意味を重視する名前に (　　　　　)、音の響きを重視する名前が人気になっ
ています。

2 ⬭ の中の言葉と (　　) の言葉を使って、文を完成させなさい。

> ～とのこと　　　～てほしい　　　～にかわって　　　～一方だ

① 私は、以前のような彼女に (戻る ➡　　　　　　　　) と思っています。

② 本日は伊藤先生が休みですので、(先生 ➡　　　　　　　　)、
私が説明します。

③ 塾を辞めてから、成績は (悪くなる ➡　　　　　　　　) です。

④ 天気予報によると、一週間は雨が (降り続く ➡　　　　　　　　)
です。

1 ◯◯◯◯◯ の中の言葉を一つ選んで、適当な形にして ＿＿＿＿ に書きなさい。

> 傾向　　　風景　　　歴代　　　制度　　　価値

① この部屋には、＿＿＿＿＿＿の韓国の総理大臣の写真が飾られています。

② 私にとって、思い出はどんな品物よりも＿＿＿＿＿＿があるものです。

③ 都会に近ければ近いほど、物価が高くなる＿＿＿＿＿＿にあります。

④ ここには無料で自転車を借りられる＿＿＿＿＿＿があります。

2 次の言葉を使って短文を作りなさい。

① 테이블마다 나눠 준 프린트를 보십시오. (〜ごとに、配る)

→ ＿＿＿＿＿＿＿＿＿＿＿＿＿＿＿＿＿＿＿＿＿＿＿＿＿＿＿＿＿＿＿＿

② 친구들은 나를 본명 대신 별명으로 부릅니다. (本名、ニックネーム)

→ ＿＿＿＿＿＿＿＿＿＿＿＿＿＿＿＿＿＿＿＿＿＿＿＿＿＿＿＿＿＿＿＿

③ 이 숲에는 수백 종의 새가 삽니다. (森、数百、〜種)

→ ＿＿＿＿＿＿＿＿＿＿＿＿＿＿＿＿＿＿＿＿＿＿＿＿＿＿＿＿＿＿＿＿

④ 그녀의 작품은 많은 전문가들에게 인정받았습니다. (専門家、認める)

→ ＿＿＿＿＿＿＿＿＿＿＿＿＿＿＿＿＿＿＿＿＿＿＿＿＿＿＿＿＿＿＿＿

028 mp3

A　はじめまして。どうぞよろしくお願いします。〈名刺を渡す〉

B　ありがとうございます。この名字は、どうお読みするんですか。

A　「角」に「藤」と書いて、「かくとう」と読みます。（❶　　　　　）の方には、よく聞かれるんですよ。

B　へえ、「かくとう」さん。その名字は何に（❷　　　　　）んですか。

A　「藤」という字が付くので、たぶん、藤原氏が（❸　　　　　）です。

B　なるほど。ええと、失礼ですが、下の名前は何と読めばよろしいんですか。

A　「絵」と書いて、「かい」です。「絵画」と同じ読み方です。

B　あぁ、なるほど。そう言われれば、そうですね。
　　すてきな（❹　　　　）のお名前ですね。

A　どちらも変わった名前なので、（❺　　　　）で呼ばれることはほとんどないんですよ。
　　両親には、もっとわかりやすい名前を（❻　　　　　）んですけどね。

B　そうですか。

A　最近は私のような（❼　　　　　）な名前が増えているそうですね。（❽　　　　　）は性別がわからないので、よく男性だと間違われます。

B　私の名前は「一郎」ですが、最近ではこのような名前は（❾　　　　　）のようですね。

A　「一郎」、すてきなお名前ですね。一郎さん。世界的に（❿　　　　　）、すてきなお名前だと思います。

15

<ruby>職<rt>しょく</rt>人<rt>にん</rt>文<rt>ぶん</rt>化<rt>か</rt></ruby>

職人文化

장인 문화

긴 시간에 거쳐 기술을 연마하는 장인의 기술이나 작품은 일본의 전통 문화 중 하나입니다.
칼이나 도자기, 천연 염색 등 다양한 분야에서 그 문화가 계승되어 왔지만,
시대의 변화에 따른 과세에 직년해 있습니다. 일본 장인 문화의 과제는 무엇일까요?

주요문형

〜ことになる / 〜を通じて / 〜にとって / 〜につれて

029 mp3 ▶

　日本には昔から「職人文化」と呼ばれるものがあります。職人とは、長い時間をかけて一つの技術を学び、高い技術を身につけた人のことです。たとえば、刀を作る刀鍛冶、皿や茶わんなどを作る陶芸家、漆をぬる漆職人、布を染める染め物師などがいます。彼らの仕事は、ただ物を作ることだけではありません。作品や技術を次の世代につないでいくことが、伝統文化を守ることになるのです。

　職人の技術は、弟子と師匠の関係を通じて伝えられてきました。弟子は師匠の仕事を手伝いながら、少しずつ技術を学びます。たとえば、陶芸の弟子は土をこねたり、ろくろを回したりする時に、師匠のやり方を真似します。努力を続けて技術を身につけることで、やがて自分も職人として認められることになるのです。

　しかし、社会が変化するにつれて、職人文化を続けることが難しくなってきています。一つの理由は、後継者不足です。昔は家の仕事を子どもが継ぐのが当たり前でしたが、今は子どもが減ったことや、職業の選択肢が増えたことで、職人の世界に入る若者が少なくなっているのです。もう一つは、需要不足です。職人が作った高価で貴重な作品よりも、安くて簡単に手に入る品物を選ぶ消費者が増えたので、需要が減り、職人が減っているのです。

　一方、最近では、メディアや観光などを通じて、職人の技術や作品が世界に広がっています。外国から来た旅行客にとって、日本の伝統工芸は新鮮で魅力的に見えるのでしょう。京都の西陣織や金沢の金箔細工などは、人気のお土産になっています。このように、日本の伝統技術や職人文化は、世界からも高く評価されています。

　どのように職人の技術を守り、世界に広め、伝統を続けていくかが、今後の日本社会にとって大きな課題になるでしょう。

1 「職人」とはどのような人のことですか。
しょくにん

　　→ ____

2 職人の仕事は、どのような役割を持っていますか。
　　　　　　　　　　　　　やくわり

　　→ ____

3 弟子は、どのようにして技術を学びますか。
でし　　　　　　　　　ぎじゅつ　まな

　　→ ____

4 職人文化を続けることが難しくなったのは、なぜですか。
しょくにんぶんか　つづ

　　→ ____

5 最近、日本の職人文化はどのように世界に広がっていますか。
さいきん　　　　　　　　　　　　　　せかい　ひろ

　　→ ____

단어 및 표현

□ 職人文化 장인 문화 しょくにんぶんか	□ 技術 기술 ぎじゅつ	□ 身につける 몸에 익히다 み
□ 刀鍛冶 칼을 만드는 대장장이 かたなかじ	□ 茶わん 밥그릇, 찻종 ちゃ	□ 陶芸家 도예가 とうげいか
□ 漆 옻(칠) うるし	□ 染める 염색하다, 물들이다 そ	□ 染め物師 염색 장인 そ　ものし
□ 作品 작품 さくひん	□ 世代 세대 せだい	□ つなぐ 잇다, 연결하다
□ 伝統 전통 でんとう	□ 弟子 제자 でし	□ 師匠 스승 ししょう
□ こねる 반죽하다, 빚다	□ ろくろ 물레	□ 回す 돌리다 まわ
□ 真似する 흉내 내다 まね	□ やがて 이윽고	□ 認める 인정하다 みと
□ 後継者 후계자 こうけいしゃ	□ 不足 부족 ふそく	□ 継ぐ 잇다 つ
□ 当たり前 당연함 あ　まえ	□ 職業 직업 しょくぎょう	□ 選択肢 선택지 せんたくし
□ 需要 수요 じゅよう	□ 高価 고가 こうか	□ 貴重な 귀중한 きちょう
□ 消費者 소비자 しょうひしゃ	□ メディア 미디어	□ 工芸 공예 こうげい
□ 新鮮な 신선한 しんせん	□ 魅力的な 매력적인 みりょくてき	□ 西陣織 니시진오리, 교토 전통 비단 にしじんおり
□ 金箔細工 금박 세공 きんぱくさいく	□ 評価する 평가하다 ひょうか	□ 課題 과제 かだい

1 ～ことになる　　~하게 되다

어떤 사정이나 상황에서 생각하여 '~하게 된다'고 말할 때 쓴다.

・試験の結果と、今日のレポートを合わせて、成績をつける**ことになる**。

・妹も来ることになったので、参加者は全部で５人という**ことになる**。

・計画を立てて宿題をしないと、夏休みの最後に困る**ことになる**。

2 ～を通じて　　~을 통해서

'~을 수단으로 하여, ~을 매개로 하여'라는 의미를 나타낸다.

・この授業**を通じて**、人口問題について考えることができました。

・サークル活動**を通じて**、たくさんの留学生と知り合いになりました。

・井上課長**を通じて**、日本の会社とも取り引きができるようになりました。

3 **〜にとって** ~에게, ~에(게) 있어서

'~의 입장에서 생각하면'이라는 의미를 나타낸다.

・私にとって、彼はただの友達ではなく、家族のような存在だ。
　　　　　　　　　　　　　　　　　　　　　　　そんざい

・親にとって、子どもは何よりも大切なものだ。
　おや　　　　　　　　　　　　たいせつ

・日本の食文化にとって、しょうゆは欠かすことのできないものだ。
　　　しょくぶん か　　　　　　　　　　か

4 **〜につれて** ~에 따라서

「AにつれてB」의 형태로 A의 변화가 원인으로 B도 변한다고 말할 때 쓴다.

・日本語は勉強するにつれて、どんどんおもしろくなっていく言語だと思う。
　　　　　　　　　　　　　　　　　　　　　　　　　　　げん ご

・時間が経つにつれて、その事故のショックが大きくなってきた。
　　　　た　　　　　　　　じ こ

・年をとるにつれて、故郷がなつかしくなる。
　とし　　　　　　こ きょう

단어 및 표현

□ **結果** 결과
　けっ か

□ **計画を立てる** 계획을 세우다
　けいかく　た

□ **知り合いになる** 서로 알게 되다
　し　あ

□ **存在** 존재
　そんざい

□ **言語** 언어
　げん ご

□ **ショック** 쇼크, 충격

□ **成績をつける** 성적을 매기다
　せいせき

□ **人口** 인구
　じんこう

□ **取り引き** 거래
　と ひ

□ **食文化** 식문화
　しょくぶん か

□ **経つ** (시간, 세월이) 흐르다, 지나다
　た

□ **年をとる** 나이를 먹다
　とし

□ **参加者** 참가자
　さん か しゃ

□ **サークル活動** 동아리 활동
　　　　かつどう

□ **ただ** 오직, 그저

□ **欠かす** 빠뜨리다
　か

□ **事故** 사고
　じ こ

□ **故郷** 고향
　こ きょう

1 文型

1 ⬭ の中の言葉を入れて文を完成させなさい。

> ことになる　　通じて　　とって　　つれて

① 職人の作品や技術を伝えることが、伝統文化を守る（　　　　　）のです。

② 日本社会に（　　　　　）職人文化は大切な伝統文化の一つです。

③ メディアを（　　　　　）、日本の職人の技術を知ったという外国人も多いです。

④ 日本で子どもが減るに（　　　　　）、職人の世界に入る若者も減っています。

2 ⬭ の中の言葉と（　　）の言葉を使って、文を完成させなさい。

> ～ことになる　　～を通じて　　～にとって　　～につれて

① （一人暮らしの老人 ➡　　　　　　　　　　　　　） ペットは家族と同じだ。

② （暑くなる ➡　　　　　　　　　　　）、エアコンがよく売れるようになる。

③ （大学の友達 ➡　　　　　　　　　　　） 三田先生がアメリカにいらっしゃったことを知った。

④ 3月からレッスンを始めたので、9月で半年 (習う ➡　　　　　　　　　　　)。

2 言葉の使い方

1　⬭⬭⬭⬭の中の言葉を一つ選んで、適当な形にして ＿＿＿ に書きなさい。

> 評価する　　染める　　真似する　　回す　　継ぐ

① 黒髪にあきたので、髪を金色に＿＿＿＿＿＿ました。

② 右に曲がるときは、ハンドルを右に＿＿＿＿＿＿ください。

③ 子どもは親の話し方を＿＿＿＿＿＿ことで、話し方を学びます。

④ 兄は父の仕事を＿＿＿＿＿＿で職人になることを決めた。

2　次の言葉を使って短文を作りなさい。

① 그는 요리 기술을 익혀 유명한 요리사가 되었다. (技術、身につける、料理人)

　→ ＿＿＿＿＿＿＿＿＿＿＿＿＿＿＿＿＿＿＿＿＿＿＿

② 소비자의 수요를 조사하여 새로운 제품을 개발했다. (消費者、需要、製品、開発する)

　→ ＿＿＿＿＿＿＿＿＿＿＿＿＿＿＿＿＿＿＿＿＿＿＿

③ 귀중한 자료가 도서관에 보존되어 있다. (貴重な、資料、保存する)

　→ ＿＿＿＿＿＿＿＿＿＿＿＿＿＿＿＿＿＿＿＿＿＿＿

④ 아이에게 좋은 교육을 받게 하고 싶다고 생각하는 것은, 부모로서 당연한 일이다.
(教育、受ける、当たり前)

　→ ＿＿＿＿＿＿＿＿＿＿＿＿＿＿＿＿＿＿＿＿＿＿＿

030 mp3 ▶

A 最近、日本の (❶　　　　　) を紹介するテレビ番組を見たんだけど、すごくおもしろかったよ。

B へえ、どんな内容だったの？

A ある陶芸家の映像でね。若い (❷　　　　　) が、師匠の作り方を真似して、土を (❸　　　　) たり、ろくろを (❹　　　　) たりしてた。

B へえ、昔から変わらないやり方で、(❺　　　　　) を守ってるんだね。でも、今はそういう仕事をする若者って、少ないんじゃない？

A うん。(❻　　　　　) が足りないって、テレビでも言ってた。
昔は、子どもが (❼　　　　) ことが多かったけど、今はそうじゃないって。

B でも、(❽　　　　　) 日本の文化だから、残していきたいよね。
作品や技術に興味を持つ人が増えるといいんだけど…。

A 日本の職人文化に興味を持つ外国人も多いらしいよ。
僕たちには (❾　　　　　　) のことでも、外国の人にとっては
(❿　　　　) に見えるんだろうね。

B 日本に来るきっかけにもなりそうだね。職人文化が世界に広まって、
これからも続いていくといいなあ。

16

教育制度

교육 제도

아이가 성장하는 과정에서 학교 교육은 중요한 역할을 담당합니다.
일본에는 의무 교육 제도를 중심으로 한 독자적인 교육 제도가 있습니다.
일본의 교육 제도의 특징은 어떤 것이 있을까요?

주요문형

～となると / ～でさえ / ～ざるをえない / ～までして

　日本の学校は、小学校6年、中学校3年、高校3年、大学4年という学年制が基本です。小学校から中学校の9年間は義務教育で、親には子どもを学校に行かせる義務があります。学校に行くとなるとお金がかかるだろうと思うかもしれませんが、国立と公立の小中学校の授業料は無料で、教科書も国公立はもちろん、私立の学校でさえも無料です。

　障害のある子どものための特別支援学校という学校もありますが、さまざまな事情で一般の小中学校に通わざるをえない子どももいます。そうした子どものために、小中学校の中にも特別支援学級があります。学習が遅れている子どもが下の学年の内容を学ぶ、感情のコントロールが苦手な子どもがコントロールのしかたを学ぶなど、それぞれの子に合った授業が行われています。

　高校や大学に入るときは入学試験を受けることが基本です。しかし、日本には「エスカレーター式」と呼ばれる学校もあります。一度入学したら、そのあとは入試を受けずに上の学校に進める仕組みです。たとえば、福沢諭吉が作った慶應義塾大学は、小学校から大学までエスカレーター式の学校として知られています。エスカレーター式の学校は私立が多いため、高い学費を払わざるをえません。それでも、子どものうちから塾に通わせたり、受験対策をしたり、ときには学校の近くに引っ越しまでして、こうした学校に入れたいという親も少なくありません。

　その理由の一つは、日本の大学入試が厳しいことでしょう。大学入試にはいくつか種類がありますが、一般的には共通テストと大学ごとの試験を受けます。遊ぶ時間や睡眠時間を減らしてまでして勉強する生徒もいるほど、受験競争は激しいものです。

　このように、日本にはだれもが学べる制度がある一方で、受験に強いストレスを感じたり、私立の学費の高さに悩んだりする家庭もあります。すべての子どもが安心して公平に学べる制度づくりを考えていく必要があるでしょう。

 주어진 질문에 맞는 답을 본문에서 찾아 써 봅시다.

1 義務教育とはどのようなことですか。

　→ ____

2 「特別支援学級」では、どのような子どもたちのために、どのような授業が行われ
ていますか。

　→ ____

3 エスカレーター式の学校に子どもを入れたい親は、どのようなことをしますか。

　→ ____

4 なぜ日本ではエスカレーター式の学校が人気ですか。

　→ ____

5 これからの日本の教育制度について、どんなことが必要だと書かれていますか。

　→ ____

단어 및 표현

□ 〜制 ~제, ~제도	□ 基本 기본	□ 義務 의무
□ 教育 교육	□ 国立 국립	□ 公立 공립
□ 無料 무료	□ 教科書 교과서	□ 私立 사립
□ 障害 장애, 장해, 방해	□ 特別支援学校 특별 지원 학교	□ 事情 사정
□ 一般 일반	□ 学級 학급	□ 学習 학습
□ 内容 내용	□ 感情 감정	□ 入学試験 입학 시험
□ エスカレーター式 에스컬레이터식	□ 入試 '입학 시험'의 준말	□ 仕組み 구조, 장치, 시스템
□ 学費 학비	□ 払う 지불하다	□ 塾 학원
□ 受験 수험	□ 対策 대책	□ 共通 공통
□ 〜ごと ~마다	□ 睡眠 수면	□ 減らす 줄이다
□ 競争 경쟁	□ 激しい 심하다, 격하다	□ 制度 제도
□ ストレス 스트레스	□ 悩む 고민하다	□ 公平に 공평하게

문형 연습

1 ～となると ~하게 되면, ~하게 된다면

'만일에 ~라는 상황이 되었을 때, 혹시 ~라는 상황이 되었다면'이라고 말하고 싶을 때 쓴다.

- 水野君が行けない**となると**、だれが来月の国際会議に参加できるだろう。
- 明日、お客様に会う**となると**、今日中にこの仕事を終わらせなければならない。
- 子どもが生まれる**となると**、もう少し広い家に引っ越したほうがよい。

2 ～でさえ ~조차

'다른 것은 물론이고, ~도'라고 말하고 싶을 때 쓴다. 「～でも」의 강조 표현이다.

- 会社の同僚**でさえ**、木田さんが引っ越したことを知りませんでした。
- 小さい子ども**でさえ**、道にごみを捨てたらいけないということはわかる。
- 外国人はもちろん、日本人**でさえ**その漢字を書ける人は少ない。

〜ざるをえない　~할 수밖에 없다, ~해야 한다

어떤 사항에 다른 사항이 더해져, 그 양쪽이 서로 영향을 받아 한층 더 큰 효과를 낳는다고 할 때 사용한다.
「〜ないわけにはいかない」에 가까운 의미지만 '어쩔 수 없이'라는 느낌이 더 강하다.

・今年の夏は、あまり長い休みが取れないから、海外旅行はあきらめ**ざるをえ
ません**。

・社長から直接メールをいただいたので、私も会議に出席せ**ざるをえない**。

・両親が忙しかったので、小さいころから家事を手伝わ**ざるをえなかった**。

4　〜までして　~까지 하면서

무엇인가 극단적인 사항을 예로 들어 '이런 정도의 일까지 해서'라고 강조하고 싶을 때 쓴다. '극단적인
수단까지'라는, 말하는 사람의 격한 감정이 들어 있다.

・悪いこと**までして**お金持ちになりたいとは思わない。

・母は、仕事の他にアルバイト**までして**私を大学に行かせてくれた。

・そんなに何回も謝って**までして**、彼に許してもらわなくてもいい。

단어 및 표현

☐ 国際会議 국제회의	☐ 参加する 참가하다	☐ 同僚 동료
☐ 休みを取る 휴가를 내다	☐ 海外旅行 해외여행	☐ あきらめる 단념하다
☐ 直接 직접	☐ 家事 가사, 집안일	☐ お金持ち 부자
☐ 行かせる 보내다, 가게 하다	☐ 謝る 사과하다	☐ 許す 용서하다

1 文型

1 ⬭ の中の言葉を入れて文を完成させなさい。

> となると　　でさえ　　ざるをえない　　までして

① 大学に進学したくても、お金がないので、あきらめ（　　　　　　）人もいます。

② 子ども（　　　　　　）も、その学校の名前を知っています。

③ よい学校だとは思うが、大変な受験勉強（　　　　　　）、行きたくはない。

④ 私立の学校に行く（　　　　　　）、公立よりもお金がかかります。

2 ⬭ の中の言葉と（　　）の言葉を使って、文を完成させなさい。

> ～となると　　～でさえ　　～ざるをえない　　～までして

① 頭が痛い時は（くだもの ➡　　　　　　）食べられない。

② （そんなこと ➡　　　　　　）彼に勝ちたいとは思わない。

③ 台風が来ているので、キャンプは（中止する ➡　　　　　　　　　）だろう。

④ 来年から日本に（留学する ➡　　　　　　　）アルバイトをしてお金を貯めなければならない。

1 ◯◯◯ の中の言葉を一つ選んで、適当な形にして ＿＿＿ に書きなさい。

> 対策　　競争　　障害　　受験　　義務

① 働いて税金を払うことは、国民の＿＿＿＿＿です。

② 彼は視覚に＿＿＿＿＿があるため、白い杖を使っています。

③ 私とあなたのどちらが先にゴールするか、＿＿＿＿＿しましょう。

④ 急な地震にそなえて、いろいろな＿＿＿＿＿をしています。

2 次の言葉を使って短文を作りなさい。

① 그는 대학 4년 동안의 학비를 모두 스스로 냈습니다. (学費、払う)

　➜ ＿＿＿＿＿＿＿＿＿＿＿＿＿＿＿＿＿＿＿＿＿＿＿＿＿＿＿

② 저 국립 미술관은 무료로 입장할 수 있습니다. (国立、無料)

　➜ ＿＿＿＿＿＿＿＿＿＿＿＿＿＿＿＿＿＿＿＿＿＿＿＿＿＿＿

③ 10살 때부터 수험을 위해 학원에 다니기 시작했습니다. (受験、塾、通う)

　➜ ＿＿＿＿＿＿＿＿＿＿＿＿＿＿＿＿＿＿＿＿＿＿＿＿＿＿＿

④ 여러 사람들이 공평하게 사회에 참여할 수 있는 제도를 만들고 싶습니다.
(公平に、制度)

　➜ ＿＿＿＿＿＿＿＿＿＿＿＿＿＿＿＿＿＿＿＿＿＿＿＿＿＿＿

032 mp3

A　うちの子、もうすぐ (❶　　　　) なんだけど、

正直どうしたらいいか悩んでるの。

B　そうか。最近は (❷　　　　) が本当に激しいからね。

A　ほとんど毎日 (❸　　　　) に通ってるんだけど、かなり疲れてるみたい。

B　うーん、勉強ばかりだと (❹　　　　) もたまるしな。

A　しかも、夜遅くまで勉強してるから、(❺　　　　) 時間も足りてない

みたいで、心配なのよね…。

B　(❻　　　　) 勉強するのはよくないんじゃない。親なんだから、

子どもの体調を一番に考えてあげたら。

A　もちろん体調が一番よ。でも、(❼　　　　) までもう時間もないし、

本人は (❽　　　　) の学校に行きたいって言って頑張ってるか

ら、止められなくて。

B　入試直前 (❾　　　　)、あせる気持ちもわかるよ。でも、休む時間

も必要じゃないかな。1時間だけでも、一緒に買い物とかカフェに行

くのはどう。

A　なるほど。勉強を忘れて、(❿　　　　　　) 場所に連れて行く

のね。

B　うん。それで少し気分もよくなると思うよ。

<ruby>温<rt>おん</rt></ruby><ruby>泉<rt>せん</rt></ruby>

17

온천

온천은 연령을 불문하고 많은 일본인이 좋아하는 장소입니다.
일본의 온천 문화는 언제부터 시작되었을까요?
또한, 사람들은 어떠한 목적으로 온천을 이용해 온 것일까요?

주요문형

〜に関する / 〜わけがない / 〜にしても / 〜に基づく

033 mp3

　最近では、日本人だけでなく、外国人観光客の中にも温泉を楽しむ人が増えていますが、服を着ないで裸で温泉に入る習慣に驚く人もいます。外国人観光客にとっては、裸で知らない人と一緒に入るのは不思議に感じられるかもしれません。

　温泉の歴史は古く、8世紀に書かれた歴史の本に、温泉に関する記録が残っています。当時から、日本人は服を着ないで裸で温泉に入っていました。裸で一緒に入ることで、立場や身分の違いを忘れて、同じ人間として交流できると考えられていたからです。日本では、今でも「裸のつきあい」という言葉があります。これは、裸で一緒に入ると、お互いの心も隠さないで、素直に接することができるという意味です。人間関係を深める大切な習慣なのです。

　現在では、旅行や観光、リラックスの目的で温泉に入る人が多いですが、昔は、病気を治すために温泉を利用する人が多くいました。温泉に入って病気が治るわけがないという人もいます。しかし、それぞれの温泉は、お湯に含まれる成分に基づいて、どんな病気に効果があるか決められています。たとえば、群馬県の草津温泉は、硫黄が多く含まれていて、皮膚の病気によいと言われています。草津温泉は、お湯がとても熱いため、「湯もみ」という伝統的な方法でお湯の温度を下げる文化が残っています。また、大分県の別府温泉は、お湯の量が日本で一番多い温泉で、いろいろな種類のお湯があります。炭酸のお湯は体を温め、疲れをとります。鉄のお湯は血液の流れをよくする働きがあります。別府には「地獄めぐり」という観光コースがあり、赤や青、白など色の違う温泉を見ることができます。温泉の効果は科学的にすべて証明されていないにしても、入った後に体が軽く感じられる人も多くいます。

　日本の温泉は、歴史や文化、人とのつきあい方にも深く関わっています。そのため、温泉は今も人々の体と心をいやす特別な場所です。

1 なぜ日本人は昔から服を着ないで裸で温泉に入るのですか。

➔ ____

2 「裸のつきあい」とはどういう意味ですか。

➔ ____

3 昔の人は、どんな目的で温泉を利用していましたか。

➔ ____

4 草津温泉で「湯もみ」が行われるのはなぜですか。

➔ ____

5 別府温泉の効果にはどんなものがありますか。

➔ ____

단어 및 표현

- 観光客 관광객 かんこうきゃく
- 習慣 습관, 풍습 しゅうかん
- 歴史 역사 れきし
- 当時 당시 とうじ
- 違い 차이 ちが
- (お)互い 서로 たが
- 接する 접하다, 대하다 せっ
- 現在 현재 げんざい
- 利用する 이용하다 りよう
- 成分 성분 せいぶん
- 硫黄 황 いおう
- 湯もみ 긴 나무판을 사용해 온천물의 온도를 낮추는 구사쓰 온천의 전통 방식 ゆ
- 温度 온도 おんど
- 炭酸 탄산 たんさん
- 血液 혈액 けつえき
- めぐり 순례, 순회
- いやす 치유하다, 치료하다

- 温泉 온천 おんせん
- 驚く 놀라다 おどろ
- 世紀 세기 せいき
- 立場 입장 たちば
- 交流する 교류하다 こうりゅう
- 隠す 숨기다 かく
- 人間関係 인간관계 にんげんかんけい
- 目的 목적 もくてき
- 治る 낫다, 치료되다 なお
- 効果 효과 こうか
- 皮膚 피부 ひふ
- 大分県 오이타현 <지명> おおいたけん
- 疲れをとる 피로를 풀다 つか
- 働き 작용, 효능 はたら
- 科学的な 과학적인 かがくてき

- 裸 알몸 はだか
- 不思議な 이상한 ふしぎ
- 記録 기록 きろく
- 身分 신분 みぶん
- つきあい 교제, 사귐
- 素直な 솔직한 すなお
- 深める 깊게 하다 ふか
- 治す 치료하다 なお
- 含む 포함하다 ふく
- 群馬県 군마현 <지명> ぐんまけん
- 伝統的な 전통적인 でんとうてき
- 種類 종류 しゅるい
- 鉄 철 てつ
- 地獄 지옥 じごく
- 証明する 증명하다 しょうめい

1 ～に関する　~에 관한
かん

「～について」와 의미·용법은 같지만 「～について」보다 딱딱한 표현이다.

・その事故に関する新聞記事を読みました。
　じこ　　かん　　しんぶんきじ

・姉は、地震に関する研究をしています。
　　　　じしん　　　　けんきゅう

・そのプログラムに関する意見を自由に話してください。
　　　　　　　　　　　　いけん　じゆう

2 ～わけがない　~할 리가 없다, ~될 수가 없다

어떤 사실을 근거로 앞말이 성립하는 이유나 가능성이 없다고 강하게 말할 때 쓴다. 「当然～ない/～するわけがない」와 같은 의미다.

・Ａ：岡田さんにお願いした仕事、もう終わったかな。
　　おかだ　　　ねが
　Ｂ：昨日の夕方にお願いしたから、まだ終わるわけがないよ。

・大学からそこまで２時間はかかるから、11時に着くわけがない。

・この子はまだ５歳だから、そんな難しい問題がわかるわけがない。

단어 및 표현

□ 事故 사고　　　　□ 新聞記事 신문 기사　　　□ 地震 지진
　じこ　　　　　　　　しんぶんきじ　　　　　　じしん
□ 研究 연구　　　　□ プログラム 프로그램　　□ 意見 의견
　けんきゅう　　　　　　　　　　　　　　　　　　いけん
□ 自由に 자유롭게
　じゆう

3 ## 〜にしても　〜라고 해도

'만약 ~라고 가정해도'라고 할 때 쓴다. 뒤 문장에는 그로부터 예상되는 것과 맞지 않는다는 내용이 온다.

・今日はまだ仕事が残っているので、食事会に行けるにしても10時ごろになる。

・昨日の試験はとても難しかったから、合格するにしてもぎりぎりの点数だろう。

・このマンションでは、ペットを飼うにしても魚か鳥だけだ。

4 ## 〜に基づく　〜에 근거한

'~을 생각의 기준으로 하여'라고 말하고자 할 때 쓴다.

・お客様の希望に基づく商品を作ることが、私たちの仕事です。

・このデータに基づく私たちの考えを会議で発表します。

・どんなことでも、経験に基づく話は信用できます。

단어 및 표현

□ 合格する 합격하다　　□ ぎりぎり 아슬아슬　　□ 点数 점수

□ 飼う 기르다　　□ 希望 희망　　□ 商品 상품

□ データ 데이터　　□ 発表 발표　　□ 経験 경험

□ 信用 신용

1 文型

1 ⬭ の中の言葉を入れて文を完成させなさい。

> 関する　　わけがない　　しても　　基づく

① 約1300年前に温泉に (　　　　　　) 記録が書かれた。
　　やく　　　　　　　　　おんせん　　　　　　　　　　き ろく

② 温泉ですぐに病気が治るわけではないに (　　　　　　)、温泉に入ってリラッ
　　　　　　　　びょうき　なお
　　クスしたいと思う人は多いだろう。

③ 温泉の効果は、お湯に含まれる成分に (　　　　　　) ものである。
　　　　　こう か　　ゆ　ふく　　　　せいぶん

④ 裸で温泉に入ったら、同じ人間として交流できない (　　　　　　) と考えら
　　はだか　　　　　　　　　　　にんげん　　　　こうりゅう　　　　　　　　　　　　　　かんが
　　れていた。

2 ⬭ の中の言葉と (　　) の言葉を使って、文を完成させなさい。

> ～に関する　　～わけがない　　～にしても　　～に基づく

① こんな時間に起きて、(間に合う ➡ 　　　　　　　　　　　　　　　　)。
　　　　　　　　　　　　　　　ま　あ

② (料理 ➡ 　　　　　　　　　　) ことは、何でも林さんに聞くといい。
　　　　　　　　　　　　　　　　　　　　　　はやし

③ この映画は (事実 ➡ 　　　　　　) ものだ。
　　　　　　　　じ じつ

④ (怒っている ➡ 　　　　　　　　　　)、あんな言い方はひどすぎる。
　　おこ　　　　　　　　　　　　　　　　　　　　　い　　かた

1 ◯ の中の言葉を一つ選んで、適当な形にして ＿＿＿ に書きなさい。

> 含む　　いやす　　治る　　隠す　　証明する

① 温泉に入って、体も心も＿＿＿＿＿ことができた。
　おんせん

② 心の中を＿＿＿＿＿ていたら、人間関係を深めることはできない。
　　　　　　　　　　　　にんげんかんけい　　ふか

③ このお菓子には砂糖とバターが＿＿＿＿＿ている。
　　　　　　　さ とう

④ 温泉に入って、足の痛みが＿＿＿＿＿という人もいる。
　　　　　　　いた

2 次の言葉を使って短文を作りなさい。

① 외국을 여행하면 습관이나 문화의 차이에 놀라는 경우가 많다.
(習慣、文化、違い、驚く)
しゅうかん　ぶん か　ちが　　おどろ

　→ ＿＿＿＿＿＿＿＿＿＿＿＿＿＿＿＿＿＿＿＿＿＿＿＿＿＿＿＿

② 입장이나 신분의 차이에 상관없이 누구와도 교류하고 싶다.
(立場、身分、違い、交流する)
たち ば　み ぶん　　　こうりゅう

　→ ＿＿＿＿＿＿＿＿＿＿＿＿＿＿＿＿＿＿＿＿＿＿＿＿＿＿＿＿

③ 인간관계를 깊게 하려면, 생각한 것을 솔직하게 이야기하는 것이 중요하다.
(人間関係、深める、素直な)
　　　　　　　　　　　　　す なお

　→ ＿＿＿＿＿＿＿＿＿＿＿＿＿＿＿＿＿＿＿＿＿＿＿＿＿＿＿＿

④ 혈액의 흐름이 좋아지면 피로가 풀린다는 것이 과학적으로 증명되어 있다.
(血液、流れ、疲れがとれる、科学的な、証明する)
けつえき　なが　つか　　　　　　か がくてき　しょうめい

　→ ＿＿＿＿＿＿＿＿＿＿＿＿＿＿＿＿＿＿＿＿＿＿＿＿＿＿＿＿

034 mp3

A　ねえ、冬休みに、一緒に温泉に行かない？

B　いいねえ。温泉は (❶　　　　) がとれるし、(❷　　　　) よね。

A　うん、お湯の (❸　　　　) によって、いろんな (❹　　　　) が
　　あるんだって。私、前から行ってみたい温泉があるんだけど、いい？

B　え？どこ？

A　別府温泉！お湯の (❺　　　　) が日本で一番多くて、
　　温泉の (❻　　　　) もすごく多いんだって。

B　へえ、そうなんだ。別府温泉って (❼　　　　) ？
　　ちょっと遠くない？

A　飛行機で行けば、すぐだよ。(❽　　　　) めぐりっていう観光コース
　　では、赤とか青とか、色の違う温泉が見られるんだって。

B　ええー！なんだか怖そうな名前だね。
　　温泉の (❾　　　　) がすごく高いのかなあ。

A　うん、お湯が熱くて入れないから、見るための観光地になったんだって。

B　へえ、温泉って言っても、いろんな (❿　　　　) のしかたがあるんだね。

18

就職活動

취직 활동

자신이 희망하는 일에 종사하기 위해 회사에 지원서를 내거나
면접을 보거나 아는 일을 취직 활동이라고 합니다.
일본의 취직 활동은 다른 나라에 비해 독특하다고 합니다.
일본의 취직 활동은 어떠한 특징이 있을까요?

주요문형

~のみならず / ~に伴って… / ~ついでに / ~たあげく

035 mp3 ▶

　日本の就職活動、いわゆる「就活」には、独特な文化があります。まず、大学生のうちから就活が始まることです。大学3年生から4年生の秋ごろまでに就活する学生が多いです。授業やアルバイトのみならず、就活もしなければならないので、学生はとても忙しくなります。昔は大学や教員の推薦で就職が決まることもありましたが、高度経済成長に伴って、現在のように学生が自分で自由に企業を選んで就活することが一般的になりました。

　さらに、リクルートスーツ文化も特徴の一つでしょう。多くの学生が同じような黒いスーツを着るので、驚くかもしれません。昔は学生服やシャツでしたが、2000年代ごろから就活の服といえば黒のスーツが多くなりました。「みんな同じで個性がない」と批判する人もいますが、「服を考えなくていいから楽だ」という学生もいるようです。

　一般的に、就活は会社説明会から始まります。いくつかの会社が集まる合同説明会では、希望する会社の説明を聞くついでに他の会社の説明を聞くこともできます。短時間で多くの会社を知れるので効率的ですし、新しい会社に出会えることもあります。

　最近では、就活としてインターンシップをする学生も増えています。実際に企業の仕事を体験できるのみならず、職場の雰囲気や自分の適性を知ることもできます。アルバイトに似ていますが、学生に会社を知ってもらうことが目的なので、給料は支払われない場合も多いです。

　就活が始まると、エントリーシートを出したり、筆記試験や面接を受けたりします。何社も受けたあげく、ようやく働く会社が決まる学生も少なくありません。こうしたプロセスを通して「自分は何がしたいのか」「自分にどんな会社が合うのか」「どのように生きたいか」など、自分の人生をじっくり考えることができるのです。

1 日本の大学生は、いつごろ就職活動をすることが多いですか。
だいがくせい　　　　　　　　しゅうしょくかつどう

　➝ ---

2 高度経済成長に伴って、就活のやり方はどのようになりましたか。
こうどけいざいせいちょう　ともな　　　しゅうかつ　　　　　かた

　➝ ---

3 学生にとって、合同説明会のメリットは何ですか。
　　　　　　　ごうどうせつめいかい

　➝ ---

4 インターンシップとアルバイトの違いは何ですか。
　　　　　　　　　　　　　　　ちが

　➝ ---

5 就活のプロセスを通して、学生はどんなことを考えられますか。
しゅうかつ　　　　　　とお　　　　　　　　　　　かんが

　➝ ---

단어 및 표현

□ 就職活動 쉬식 휠동 しゅうしょくかつどう	□ いわゆる 소위, 이른바	□ 独特な 독특한 どくとく
□ 教員 교원, 교사 きょういん	□ 推薦 추천 すいせん	□ 高度経済成長 고도 경제 성장 こうどけいざいせいちょう
□ 現在 현재 げんざい	□ 自由に 자유롭게 じゆう	□ 企業 기업 きぎょう
□ 一般的な 일반적인 いっぱんてき	□ さらに 게다가	□ リクルートスーツ 취업용 정장
□ 特徴 특징 とくちょう	□ 驚く 놀라다 おどろ	□ 学生服 교복 がくせいふく
□ シャツ 셔츠	□ ～といえば ~라고 하면	□ 個性 개성 こせい
□ 批判する 비판하다 ひはん	□ 合同説明会 합동 설명회 ごうどうせつめいかい	□ 希望する 희망하다 きぼう
□ 効率的な 효율적인 こうりつてき	□ 出会う (우연히) 만나다 であ	□ インターンシップ 인턴십
□ 実際に 실제로 じっさい	□ 体験する 체험하다 たいけん	□ 職場 직장 しょくば
□ 雰囲気 분위기 ふんいき	□ 適性 적성 てきせい	□ 似る 닮다 に
□ 給料 급여 きゅうりょう	□ エントリーシート 지원서	□ 筆記試験 필기시험 ひっきしけん
□ 面接 면접 めんせつ	□ ようやく 가까스로	□ プロセス 프로세스, 과정
□ 人生 인생 じんせい	□ じっくり 곰곰이	

문형 연습

1 〜のみならず ~뿐만 아니라

'A뿐만 아니라 B도'와 같이 '~뿐만 아니라 범위가 훨씬 큰 다른 것까지 포함된다'는 뜻을 나타낼 때 쓴다. 「〜のみならず」의 뒤에 오는 문장에는 「も・まで・さえ」가 함께 쓰이는 경우가 많다.

・ミンさんは、中国語のみならずタイ語も話せます。

・いつも厳しい父のみならず優しい母まで、私の留学に反対しました。

・このまんがは、日本国内のみならず海外でも人気がある。

2 〜に伴って… ~함에 따라, ~하면서

'~이 변화하면, 이와 함께 …도 변화한다'고 말하고자 할 때 쓴다. 「~」「…」에 모두 변화를 나타내는 단어가 온다. '~하면 그에 응해'에 가까운 의미로 쓰인다.

・人口の増加に伴って、交通の問題も起こりました。

・食生活の変化に伴って、病気になる人が多くなりました。

・息子は、成長するのに伴って性格が明るくなりました。

3 〜ついでに　~하는 김에

'~을 하는 기회에'라고 말할 때 쓴다.

・スーパーに行く**ついでに**、その近くのパン屋でパンも買った。

・大阪に旅行した**ついでに**、大学時代の友達と会いました。

・台所でコーヒーを入れる**ついでに**、私のお茶も持ってきてくれる？

4 〜たあげく　~한 끝에

'여러 가지로 ~한 끝에 결국은 유감스러운 결과가 되었다'고 말할 때 쓴다. 한 번뿐인 일이나 가벼운 일에는 쓰지 않는다.

・何時間も迷っ**たあげく**、結局目的地にたどり着くことができなかった。

・パソコンを何度も修理に出し**たあげく**、直らず、新しいのを買うことになった。

・寝坊し**たあげく**、電車に乗り遅れてしまった。

단어 및 표현

- 厳しい 혹독하다, 엄격하다
- 人口 인구
- 成長 성장
- 迷う 헤매다
- たどり着く (간신히) 도달하다
- 乗り遅れる 제시간에 타지 못하다
- 反対する 반대하다
- 増加 증가
- 性格 성격
- 結局 결국
- 修理 수리
- まんが 만화
- 変化 변화
- コーヒーを入れる 커피를 끓이다
- 目的地 목적지
- 寝坊する 늦잠 자다

1 文型

1　◯◯◯◯◯の中の言葉を入れて文を完成させなさい。

> のみならず　　伴って　　ついでに　　あげく

① 5回も面接を受けた (　　　　　　　)、合格できませんでした。

② リクルートスーツを買う (　　　　　　　)、黒いかばんとくつも買いました。

③ インターンシップでは、業務を体験できる (　　　　　　　)、職場の雰囲気を知ることもできます。

④ 時代の変化に (　　　　　　　)、就活のルールも変化しています。

2　◯◯◯◯◯の中の言葉と (　　) の言葉を使って、文を完成させなさい。

> ～のみならず　　～に伴って　　～ついでに　　～たあげく

① (引っ越し ➡　　　　　　　)、母は仕事を辞めることになりました。

② (図書館に行く ➡　　　　　　　) この本も返しておいてくれる？

③ 姉は無理なダイエットを (する ➡　　　　　　　)、体をこわしてしまった。

④ 試合に (参加する ➡　　　　　　　)、優勝することが目標だ。

2 言葉の使い方

1 ◯◯◯ の中の言葉を一つ選んで、適当な形にして _____ に書きなさい。

> 特徴　　効率的な　　実際に　　ようやく　　じっくり

① 羽が青く、頭が黄色いのがこの鳥の________です。

② 簡単だと思っていましたが、________やってみると難しかったです。

③ 平日は忙しいので、週末にたくさん料理を作って冷凍しておくのが
________だ。

④ 急ぐ必要はないので、________考えてから決めてください。

2 次の言葉を使って短文を作りなさい。

① 이 지역만의 독특한 문화가 아직 남아 있는 것에 놀랐습니다. (独特な、残る、驚く)

→ ____

② 그 그룹은 각자의 개성에 맞는 의상을 입고 있습니다.
(グループ、各自、個性、衣装)

→ ____

③ 이 박물관에는 옛날 사람들의 생활을 실제로 체험할 수 있는 프로그램이 있습니다.
(博物館、実際に、体験する)

→ ____

④ 다른 사람의 의견을 비판할 뿐만 아니라, 자신의 의견도 말해야만 한다.
(意見、批判する、〜のみならず)

→ ____

036 mp3

A　就活ってもう始めた？

B　いろいろ (❶　　　　　　　　　　)、まだ何もしてないの。

A　僕もずっと悩んでたんだけど、昨日、(❷　　　　　　) 合同説明会に
行ってみたんだ。

B　へえ、どんな (❸　　　　) が来てたの？

A　ITとか、食品とか。思ったより数が多くて、本当に (❹　　　　　　　)。

B　いろんな分野の話を一度に聞けるから、(❺　　　　　) だね。

A　うん。僕は最初、航空会社の話を聞きに行ったんだけど、
(❻　　　　　) 聞いた食品会社の話がすごくおもしろくて、興味がわい
たな。

B　会社の人と話せるのって、いいチャンスだよね。
私はまず (❼　　　　　　　) に行ってみようと思ってる。

A　それもいいね。(❽　　　　) 仕事をしてみて、気付くこともありそう
だし。

B　うん。私、自分の (❾　　　　) とか、どんな仕事をしたいかが
まだわかってないから、働きながら考えたくて。

A　僕もまだわかってないよ。あせらず、(❿　　　　) 考えたら
いいんじゃない？

B　そうだよね。私たち、まだ若いし、いろんな可能性があるもんね。

19

<ruby>年号<rt>ねん ごう</rt></ruby>

연호

일본에서는 서력뿐만 아니라 연호를 사용하여 해를 나타냅니다.
연호는 어떻게 정해질까요?
그리고, 일본인은 연호에 대해 어떠한 생각을 가지고 있을까요?

주요문형

～て以来 / ～によると / ～に限らず / ～かぎり

037 mp3

　日本には、昔から「年号」という特別な年の呼び方があります。年号とは、ある天皇が即位したときに始まる時代の名前です。たとえば、平成や令和などがそうです。日本では、カレンダーを見るとき、西暦と年号の両方を使うことがあります。役所や銀行の手続きなどでは、今でも年号を書くことが多いため、日本人に限らず、日本に住む外国人にとっても、年号を知っておくことは大切です。

　年号の仕組みは、中国から伝わったと考えられています。日本では7世紀に「大化」という年号が最初に使われて以来、今までに250以上の年号が使われてきました。

　新しい年号は、天皇が変わったときに決められます。2019年には、平成から令和になりました。このときのニュースによると、令和という名前は日本の一番古い歌集である『万葉集』から選ばれたそうです。『万葉集』には、梅の花を楽しむ人々の様子をほめる文章があります。その中に「初春の令月、風和ぎ」という言葉があります。「令月」とは「とてもよい月」「めでたい月」という意味です。そして「和」は「やわらぐ」「なごやか」という意味です。つまり「令和」という言葉には、「美しい春に、人々が心を寄せ合い、穏やかで平和に暮らす」という願いが込められています。

　年号は、ただカレンダーに使うだけではありません。文学や映画、歌などでもよく登場します。たとえば、「昭和の歌」、「平成のドラマ」と聞くと、そのころの社会や流行のスタイルを思い出す人もいます。また、「令和の子どもたち」というと、今の時代に生まれた世代を指すことがあります。

　このように、年号は時間を表すだけでなく、人々の思い出や文化のイメージと強く結びついているのです。みなさんも、年号をできるかぎり調べてみてください。日本の歴史やその時代の人々の思いが深く理解できるでしょう。

1 年号とは何ですか。
　　ねんごう

　　→ --

2 なぜ日本人に限らず、日本に住む外国人にとっても、年号を知っておくことは大
　　　　　　　かぎ
　　切なのですか。

　　→ --

3 日本で最初に使われた年号は何でしたか。
　　　　　さいしょ

　　→ --

4 「令和」という年号には、どんな願いが込められていますか。
　　　れいわ　　　　　　　　　　　　　ねが　　こ

　　→ --

5 年号は、カレンダー以外に、どんなところで使われますか。
　　　　　　　　　　　いがい

　　→ --

단어 및 표현

□ 年号 연호 ねんごう	□ 天皇 일본 국왕(천황) てんのう	□ 即位する 즉위하다 そくい
□ 時代 시대 じだい	□ 平成 헤이세이(1989~2019의 연호) へいせい	□ 令和 레이와(2019년 5월~현재의 연호) れいわ
□ 西暦 서력 せいれき	□ 役所 관공서 やくしょ	□ 手続き 절차, 수속 てつづ
□ 仕組み 구조, 장치, 시스템 しく	□ 伝わる 전해지다 つた	□ 世紀 세기 せいき
□ 大化 다이카(일본 최초의 연호) たいか	□ 歌集 가집 かしゅう	□ 万葉集 만엽집(일본의 시가집) まんようしゅう
□ 梅 매화나무, 매실 うめ	□ 様子 모습 ようす	□ ほめる 칭찬하다
□ 初春 초봄 しょしゅん	□ めでたい 경사스럽다	□ やわらぐ 누그러지다
□ なごやかな 온화한	□ 寄せ合う 맞대다 よあ	□ 穏やかな 온화한 おだ
□ 平和な 평화로운 へいわ	□ 暮らす 지내다 く	□ 願い 바람, 소원 ねが
□ 込める 담다 こ	□ 文学 문학 ぶんがく	□ 登場する 등장하다 とうじょう
□ 昭和 쇼와(1926~1989의 연호) しょうわ	□ 流行 유행 りゅうこう	□ スタイル 스타일
□ 世代 세대 せだい	□ 指す 가리키다 さ	□ 表す 나타내다 あらわ
□ 思い出 추억 おもで	□ イメージ 이미지	□ 結びつく 이어지다 むす
□ 調べる 조사하다 しら	□ 歴史 역사 れきし	□ 理解する 이해하다 りかい

1 ～て以来　~한 이후, ~한 후

'~을 하고 나서 지금까지 쭉'이라는 의미이다.

・彼は入学して以来、ずっと試験で１位を取り続けている。

・私の母は去年の夏に足の手術を受けて以来、まだ歩くことができないでいる。

・子どもが生まれて以来、すっかり自分の服を買わなくなってしまった。

2 ～によると　~에 따르면, ~에 의하면

정보의 근원을 나타낸다. 그 뒤에는 「～そうだ」「～ということだ」「～らしい」「～ようだ」 등의 말이 이어진다.

・先生の話によると、来週転校生が来るらしい。

・天気予報によると、今週はずっとよい天気が続くそうだ。

・アンケートによると、５人中３人は増税が必要だと考えているようだ。

～に限らず　　～에 한정되지 않고, ～뿐만 아니라
かぎ

'～뿐만 아니라, 그 외의 다른 것도'라는 의미를 나타낸다.

・この施設は休日に限らず、平日も利用できます。
　し せつ　　きゅうじつ　かぎ　　　　へいじつ　　りよう

・彼女は元テニス部員だが、テニスに限らず、スポーツは何でも得意だ。
　　　　もと　　　　ぶ いん　　　　　　　　　　　　　　　　　　とく い

・日本に限らず、世界中で不景気が続いている。
　　　　　　せ かいじゅう　ふ けい き　つづ

4　　～かぎり　　　～하는 한

'극한까지 ～한다'는 의미를 나타낸다. 부정 표현은 「～ないかぎり」로 '～하지 않는 한'이라는 뜻이다.

・私でわかることなら、できるかぎりお答えします。

・あなたが知っている国の名前を、思いつくかぎり挙げてください。
　　　　　　　　　　　　　　　　　　　　おも　　　　　　あ

・この試験に１回で合格した学生は、私の知るかぎり一人もいません。
　　　し けん　　　　ごうかく

단어 및 표현

□ **手術を受ける** 수술을 받다　　　　□ **すっかり** 완전히, 아주　　　　□ **転校生** 전학생
　しゅじゅつ　う　　　　　　　　　　　　　　　　　　　　　　　　　　　　てんこうせい

□ **天気予報** 일기예보　　　　　　　　□ **アンケート** 앙케트　　　　　□ **増税** 증세
　てん き よ ほう　　　　　　　　　　　　　　　　　　　　　　　　　　　ぞうぜい

□ **施設** 시설　　　　　　　　　　　　□ **平日** 평일　　　　　　　　　□ **元** 전(직), 본래
　し せつ　　　　　　　　　　　　　　　　へいじつ　　　　　　　　　　　もと

□ **部員** 부원　　　　　　　　　　　　□ **得意な** 잘하는, 능숙한　　　　□ **不景気** 불경기
　ぶ いん　　　　　　　　　　　　　　　　とく い　　　　　　　　　　　　ふ けい き

□ **思いつく** 생각이 떠오르다　　　　　□ **挙げる** 거론하다, 들다　　　　□ **合格する** 합격하다
　おも　　　　　　　　　　　　　　　　　あ　　　　　　　　　　　　　　ごうかく

1 文型

1 ⬭ の中の言葉を入れて文を完成させなさい。

> 以来　　よると　　限らず　　かぎり

① この歴史の本に (　　　　　　　)、年号は 7 世紀から使われているそうだ。

② 年号には、時代に (　　　　　　) 人々の願いが込められている。

③ 中国から年号の仕組みが伝わって (　　　　　　)、長い間、使われてきた。

④ 年号をできる (　　　　) 覚えたいと思う。

2 ⬭ の中の言葉と (　　) の言葉を使って、文を完成させなさい。

> ～て以来　　　～によると　　　～に限らず　　　～かぎり

① 私は大学に (入学する ➡　　　　　　　)、一度も授業を欠席したことがない。

② 彼女は (リンゴ ➡　　　　　　)、くだものなら何でも好きだ。

③ この仕事が (終わる ➡　　　　　　)、家に帰ることはできない。

④ (報告書 ➡　　　　　)、会社の業績は伸び続けているらしい。

1 ◯◯◯ の中の言葉を一つ選んで、適当な形にして ＿＿＿ に書きなさい。

> やわらぐ　　寄せ合う　　登場する　　暮らす　　結びつく

① 「年号」という言葉は、昔見たアニメにも＿＿＿＿＿＿＿たので覚えていた。

② 言葉はその国や地域の文化と＿＿＿＿＿＿＿ている。

③ 3月になって、寒さが＿＿＿＿＿＿＿できた。

④ 外は寒いので、子どもたちは肩を＿＿＿＿＿＿＿て座っている。

2 次の言葉を使って短文を作りなさい。

① 초봄이 되어 추위가 누그러졌다. (初春、やわらぐ)

→ ＿＿＿＿＿＿＿＿＿＿＿＿＿＿＿＿＿＿＿＿＿＿＿＿＿＿＿

② 평화롭고 화목하게 살고 싶다는 바람은 어느 나라 사람이나 마찬가지일 것이다.
(平和な、なごやかな、暮らす、願い)

→ ＿＿＿＿＿＿＿＿＿＿＿＿＿＿＿＿＿＿＿＿＿＿＿＿＿＿＿

③ 문학 작품에는 그것이 쓰여진 시대의 유행이 등장한다.
(文学、時代、流行、登場する)

→ ＿＿＿＿＿＿＿＿＿＿＿＿＿＿＿＿＿＿＿＿＿＿＿＿＿＿＿

④ 이 장소는 어릴 적 친구들과 놀던 추억과 이어져 있다. (思い出、結びつく)

→ ＿＿＿＿＿＿＿＿＿＿＿＿＿＿＿＿＿＿＿＿＿＿＿＿＿＿＿

038 mp3

A この間、(❶　　　　　）の授業で勉強したんだけど、
（❷　　　　　）の年号って２４８番目の年号なんだって。

B ええ！年号ってそんなにたくさんあったの？僕は（❸　　　　）とか…
五つぐらいしか知らないな。

A 新しい天皇が（❹　　　　　）と、年号も変わってきたんだって。

B ということは、これまで２５０人近い天皇がいたってことだね。

A そういうことだね。年号の（❺　　　　　）は中国から
（❻　　　　　）らしいよ。

B へえ！そうなんだ。年号って、学校でも（❼　　　　）でも
どこでも使ってるから、生活に深く（❽　　　　　）よね。

A そうだよね。それとね、年号には、その時代への願いが
（❾　　　　　）ってことも聞いたよ。

B あ、それ、僕もテレビで見たよ。令和は、（❿　　　　　）な時代に
なるようにっていう願いなんでしょ？

A そうそう。よく知ってるね。本当にそんな時代になるといいよね。

20

<ruby>日<rt>に</rt></ruby><ruby>本<rt>ほん</rt></ruby>の<ruby>観<rt>かん</rt></ruby><ruby>光<rt>こう</rt></ruby><ruby>地<rt>ち</rt></ruby>

일본의 관광지

일본의 관광지라고 하면 어디가 떠오르나요?
최근에는 지방자치단체에서 기획한 독특힌 관광지도 늘고 있습니다.
일본의 다양한 관광지에 대해 알아 봅시다.

주요문형

～こそ / ～つつある / ～といった / ～といえば

039 mp3

日本は南北に長い島国で、地域ごとに異なる歴史や文化があります。こうした多様な文化こそ、日本の観光の大きな魅力と言えます。

日本で観光地といえば、京都を思い浮かべる人が多いでしょう。1200年以上にわたって歴史の中心だった京都には、古いお寺や神社、お城といった観光名所が数多く残っています。伝統的な町の景色を守るため、高いビルを建てられないという決まりがあるのです。しかし、日本の観光地は京都だけではありません。観光は、地域の経済を支える大きな力になりつつあります。そのため、各地方自治体は、観光客を呼ぶために工夫を続けています。

たとえば、香川県といえば、うどんが有名です。そこで、名物のうどんをPRするために「うどんタクシー」が走っています。タクシーの運転手が、うどんの歴史や文化、うどんの食べ方や注文のしかたなどを教えながら、有名なうどん店をめぐるというおもしろいツアーです。

一方、愛媛県といえば、夏目漱石の小説『坊っちゃん』の舞台です。松山市では、観光名所をめぐる「坊っちゃん列車」という路面電車が走っています。この列車は、100年以上前に走っていた機関車がモデルです。昔実際に使われていた車両の部品や切符が展示されているミュージアムもあります。

また、長崎県といえば夜景が有名です。丘の上から見下ろすと、街の光が宝石のように広がり、昼間とはまったく異なる雰囲気を楽しめます。その街に暮らす人々の生活の明かりこそが観光資源になっているのです。

さらに、最近は、世界遺産になった岐阜県の白川郷、アートの島と呼ばれる香川県の直島といった、以前はあまり知られていなかった場所にも、世界中から観光客が訪れるようになりました。日本各地で新しい観光の形が生まれつつあるのです。有名な都市を訪れるのも楽しいですが、地方のおもしろい観光地に目を向けることも、日本の文化を深く知るきっかけになるでしょう。

1 日本の観光の大きな魅力は何ですか。
　　かんこう　　　　　　み りょく

　➡ ⋯⋯⋯⋯⋯⋯⋯⋯⋯⋯⋯⋯⋯⋯⋯⋯⋯⋯⋯⋯⋯⋯⋯⋯⋯⋯⋯⋯⋯⋯⋯⋯⋯⋯⋯⋯

2 京都では、なぜ高いビルを建てられないのですか。
　　きょう と　　　　　　　　　　　　　た

　➡ ⋯⋯⋯⋯⋯⋯⋯⋯⋯⋯⋯⋯⋯⋯⋯⋯⋯⋯⋯⋯⋯⋯⋯⋯⋯⋯⋯⋯⋯⋯⋯⋯⋯⋯⋯⋯

3 香川県の「うどんタクシー」の運転手は、観光客にどのようなことを教えますか。
　　か がわけん　　　　　　　　　　うんてんしゅ　　かんこうきゃく

　➡ ⋯⋯⋯⋯⋯⋯⋯⋯⋯⋯⋯⋯⋯⋯⋯⋯⋯⋯⋯⋯⋯⋯⋯⋯⋯⋯⋯⋯⋯⋯⋯⋯⋯⋯⋯⋯

4 愛媛県松山市の「坊っちゃん列車」は、どのような電車ですか。
　　え ひめけんまつやま し　　ぼ　　　れっしゃ

　➡ ⋯⋯⋯⋯⋯⋯⋯⋯⋯⋯⋯⋯⋯⋯⋯⋯⋯⋯⋯⋯⋯⋯⋯⋯⋯⋯⋯⋯⋯⋯⋯⋯⋯⋯⋯⋯

5 筆者は最後に、どのような日本旅行のしかたをすすめていますか。
　　ひっしゃ　さい ご

　➡ ⋯⋯⋯⋯⋯⋯⋯⋯⋯⋯⋯⋯⋯⋯⋯⋯⋯⋯⋯⋯⋯⋯⋯⋯⋯⋯⋯⋯⋯⋯⋯⋯⋯⋯⋯⋯

단어 및 표현

□ 南北 남북 　なんぼく	□ 島国 섬나라 　しまぐに	□ 地域 지역 　ち いき
□ ～ごとに ~마다	□ 異なる 다르다 　こと	□ 多様な 다양한 　た よう
□ 観光 관광 　かんこう	□ 魅力 매력 　み りょく	□ 思い浮かべる 떠올리다 　おも　　う
□ ～にわたって ~에 걸쳐	□ お寺 절 　　てら	□ 神社 신사 　じんじゃ
□ お城 성 　　しろ	□ 名所 명소 　めいしょ	□ 数多く 수많은 　かずおお
□ 伝統的な 전통적인 　でんとうてき	□ 決まり 규칙, 규정 　き	□ 経済 경제 　けいざい
□ 支える 떠받치다, 지탱하다 　ささ	□ 地方自治体 지방자치체 　ち ほう じ ち たい	□ 観光客 관광객 　かんこうきゃく
□ 工夫 궁리 　く ふう	□ 名物 명물 　めいぶつ	□ めぐる 돌다, 순회하다
□ 舞台 무대, 극 　ぶ たい	□ 列車 열차 　れっしゃ	□ 路面電車 노면 전차 　ろ めんでんしゃ
□ 機関車 기관차 　き かんしゃ	□ モデル 모델	□ 実際に 실제로 　じっさい
□ 車両 차량 　しゃりょう	□ 展示する 전시하다 　てん じ	□ 夜景 야경 　や けい
□ 丘 언덕 　おか	□ 見下ろす 내려다보다 　み お	□ 宝石 보석 　ほうせき
□ まったく 완전히, 전혀	□ 雰囲気 분위기 　ふん い き	□ 暮らす 지내다 　く
□ 明かり 빛 　あ	□ 資源 자원 　し げん	□ 世界遺産 세계 유산 　せ かい い さん
□ 訪れる 방문하다 　おとず	□ 目を向ける 관심을 돌리다 　め　む	□ きっかけ 계기

1　〜こそ　~야말로

'다른 것이 아니라 바로 이것이다'라고 뭔가 중요한 것을 강조하고자 할 때 쓴다.

・この人こそ、私が長い間、会いたいと思っていた人です。

・「ありがとう」という言葉こそ、何よりもうれしいプレゼントだ。

・毎日、規則的な生活をすることこそ、健康に一番よい。

2　〜つつある　~하고 있다

사건이 어떤 방향으로 진행 중임을 강조할 때 쓰는 말이다. '지금 마침 ~하고 있다'라는 의미의 문어체 표현이다.

・日本経済は不景気から回復しつつある。

・昨日からの大雨で川の水があふれつつあるため、避難してください。

・小学生が携帯電話を持つことも当たり前になりつつあります。

〜といった　　~라는, ~라고 하는

「〜といった＋명사」의 형태로 같은 종류의 구체적인 예를 들고자 할 때 쓴다. 「〜とか〜とか」와 의미나 용법은 같으나 「〜とか〜とか」보다 딱딱한 느낌을 준다.

・東京や横浜といった大きな町には、地下鉄があるため、車がなくても不便ではない。

・テニスやゴルフといったスポーツは、年をとっても続けることができる。

・梅干しや納豆といった食べ物は体にとてもよい。

〜といえば　　~라고 하면, ~라고 한다면

누군가가 화제로 삼은 것이나 자신의 머릿속에 떠오른 사항을 예로 들어 화제로 삼을 때 사용하는 말이다.

・アニメといえば、最近は留学生の方が日本人よりも日本のアニメにくわしいこともある。

・カメラといえば、弟がまた新しいカメラを買ったそうだ。

・星野さんは、先月イタリアに行ったそうだよ。
　イタリアといえば、昨日のサッカーの試合、見た？

단어 및 표현

☐ 年をとる　나이를 먹다　　　☐ 梅干し　매실장아찌

1 文型

1 ◯◯◯◯の中の言葉を入れて文を完成させなさい。

> こそ　　つつある　　といった　　といえば

① 長崎県では、人々の生活の明かり (　　　　　　　) が観光資源になっています。

② 観光は地域の経済を支える産業になり (　　　　) のです。

③ 日本の観光地 (　　　　)、京都を思い浮かべる人が多いです。

④ 京都には、古いお寺や神社、お城 (　　　　) 観光名所が数多く残っています。

2 ◯◯◯◯の中の言葉と (　　) の言葉を使って、文を完成させなさい。

> ～こそ　　～つつある　　～といった　　～といえば

① 暑くなってきたので、(扇風機やエアコン ➡ 　　　　　　　　　　) 商品がよく売れている。

② (この場所 ➡ 　　　　　)、私がずっと来たいと思っていたところだ。

③ (内藤さん ➡ 　　　　　　　)、彼の転勤はどうなったんだろう。

④ フランス語を半年間勉強したが、今はまったく使わないので、もう (忘れる ➡ 　　　　　　　)。

1 （　　　　）の中の言葉を一つ選んで、適当な形にして ＿＿＿ に書きなさい。

> 夜景　　雰囲気　　決まり　　宝石　　きっかけ

① ダイヤモンドは地球上で最もかたい＿＿＿＿＿です。

② ここでは、火を使ってはいけないという＿＿＿＿＿があります。

③ 部屋の中はとても静かで、話しにくい＿＿＿＿＿でした。

④ ドラマが＿＿＿＿＿で、日本語に興味を持ちました。

2 次の言葉を使って短文を作りなさい。

① 이 섬나라는 따뜻해서 과일이 잘 자랍니다. (島国、育つ)

　➡ ＿＿＿＿＿＿＿＿＿＿＿＿＿＿＿＿＿＿＿＿＿＿＿＿＿

② 여름이라고 하면, 바다나 불꽃놀이를 떠올립니다. (花火、思い浮かべる)

　➡ ＿＿＿＿＿＿＿＿＿＿＿＿＿＿＿＿＿＿＿＿＿＿＿＿＿

③ 그는 30년 이상에 걸쳐 영화계에서 활약한 배우입니다.
(〜にわたって、活躍する、俳優)

　➡ ＿＿＿＿＿＿＿＿＿＿＿＿＿＿＿＿＿＿＿＿＿＿＿＿＿

④ 멋진 분위기의 여관에 묵고 온천에 들어갔습니다. (すてきな、雰囲気、旅館、温泉)

　➡ ＿＿＿＿＿＿＿＿＿＿＿＿＿＿＿＿＿＿＿＿＿＿＿＿＿

다음은 본문과 관련된 회화입니다. 들으면서 빈칸을 채우세요.

040 mp3

A　ねえねえ、夏休み、どこか旅行した？

B　うん、愛媛県の松山市に行ってきたよ。
　　これ、松山 (❶　　　　　) のお菓子なんだけど、食べて。

A　うわー、ありがとう。有名な「坊っちゃん列車」には乗った？

B　うん。それに乗って、(❷　　　　　) から温泉まで、
　　いろいろ (❸　　　　　) きたよ。

A　松山市内は、どうだった？

B　自然も多いし、古い建物もたくさん残っていて、(❹　　　　　) がす
　　ごく気に入ったよ。

A　いいなぁ。私も『坊っちゃん』が大好きだから、いつか (❺　　　　　)
　　行ってみたい。

B　ミナちゃんは、どこかに行ったの？

A　私は長崎に行ってきたの。はい、お土産。

B　ありがとう！やっぱり長崎 (❻　　　　　)、長崎ちゃんぽんだよね。

A　長崎は初めてだったけど、ご飯もおいしいし、(❼　　　　　) も
　　きれいで、すごくすてきなところだったよ。

B　そうそう。旅行を (❽　　　　　) わかる、その土地の魅力ってあるよね。

A　今まで (❾　　　　　) 知らなかった街を知る (❿　　　　　) にもなるしね。
　　今度は一緒に旅行しようよ。

B　いいね！二人とも今までに行ったことのないところに行こう！

부록

- 독해문제 모범답
- 연습문제 정답
- 회화 괄호 넣기 정답

1 ゲーム

1 最近では、スマートフォンを使ったモバイルゲームが主流になっている。

2 インターネットを利用する人が多いから。

3 インターネットを使うことで、離れた場所にいる人とも一緒にゲームができること。

4 eスポーツを楽しみながら、集中力や戦略を考える力を身につけ、チームワークを学ぶこともできるから。

5 健康に気をつけて、時間を管理しながら行うべきだ。

연습문제

1 문형

1 ① べき
② だけ
③ 向け
④ うち

2 ① 気付かないうちに
② 行くべき
③ 健康を考える人向け
④ 英語だけでなく

2 단어의 쓰임새

1 ① 発売した
② 増えて
③ 熱中して
④ 利用する

2 ① 運動不足を解消するために、毎日1時間ランニングをすることにしました。

② バレンタインデーに友達にチョコレートを贈ることが主流になりました。

③ この番組では、世界中の珍しいペットを紹介しています。

④ この時期は、家族向けの商品が多く発売される。

회화

① 発売された
② 子ども向け
③ 珍しい
④ だけじゃなくて
⑤ 見ているうちに
⑥ 夢中
⑦ 熱中する

2 ガチャガチャ

독해문제

1 カプセルに入ったおもちゃの自動販売機の名前。

2 人気アニメ「キン肉マン」のキャラクターの消しゴムがカプセルトイになったことがきっかけだった。

3 1980年代当時は100円だったが、最近は300円から500円の「ガチャガチャ」を多く見かけるようになった。

4 カプセルトイの種類にかけては、日本ほど多い国はなく、そのカプセルトイの質もかなり高いから。

5 「ガチャガチャ」にはギャンブル性もあるので、買いすぎに注意して楽しむのがいいと言っている。

연습문제

1 문형

1 ① きっかけとして
② かけては
③ よって
④ ほど

2 ① 参加したことをきっかけとして

②母の手料理ほど
_{て りょう り}
③バイクの事故によって
_{じ こ}
④ワインにかけては

2 단어의 쓰임새

1 ①イメージする

②見かけた
_み

③飛び出した
_{と だ}

④交換する
_{こうかん}

2 ①この金額なら、だれでも気軽に買うことが
_{きんがく}　_{き がる}
できる。

②この自動販売機は、レバーを回すと、カプ
_{じ どうはんばい き}　_{まわ}
セルが出ます。

③このキャラクターの商品は、種類も多く、
_{しょうひん}　_{しゅるい}
質も高いため、期待感が大きくなります。
_{しつ}　_{き たいかん}

④この食品は観光客がお土産によく買います。
_{しょくひん}　_{かんこうきゃく}　_{みやげ}

회화

①種類

②観光客

③食品

④金額

⑤気軽に

⑥期待感

⑦カプセルトイ

⑧お土産

⑨シリーズ

3 オタク

독해문제

1 まんがやアニメ、ゲームなどのサブカルチャー
に強い興味を持つ人。
_{きょう み}

2 ファンがキャラクターの服装や髪型を真似する
_{ふくそう}　_{かみがた}　_{ま ね}
こと。

3 推し活のためにお金をたくさん使う人が多いか
_{お かつ}
ら。

4 重大な事件を起こした犯人がゲームやまんがが
_{じゅうだい}　_{じ けん}　_お　_{はんにん}
好きだったという報道があったこと。
_{ほうどう}

5 オタクは理解できない、という偏見を持たずに、
_{り かい}　_{へんけん}
その人自身の個性や魅力を認めようとする姿勢
_{じ しん}　_{こ せい}　_{み りょく}　_{みと}　_{し せい}
を持つこと。

연습문제

1 문형

1 ①がち

②よう

③せい

④したがって

2 ①差別されがち
_{さ べつ}

②表現しようがない
_{ひょうげん}

③変化するにしたがって
_{へん か}

④失敗したせいで
_{しっぱい}

2 단어의 쓰임새

1 ①魅力

②連想する
_{れんそう}

③対する、広まって
_{たい}　_{ひろ}

④印象
_{いんしょう}

2 ①コンピューターにくわしい人を探している
_{さが}
のですが、だれか知り合いはいませんか。
_{し あ}

②土曜日までに必要な資料をまとめて課長に
_{ひつよう}　_{し りょう}　_{か ちょう}
メールで送ってください。
_{おく}

③この店は芸能人の影響力で以前より有名に
_{げいのうじん}　_{えいきょうりょく}　_{い ぜん}
なりました。

④彼は興味を持ったことを追求して、仕事で
_{ついきゅう}
成功しました。
_{せいこう}

회화

①人気
_{にん き}

②キャラクター

③連想しちゃう

④にしたがって

⑤ファン

⑥真似したり
_{ま ね}

⑦ 否定しようがない
　　ひ　てい
⑧ 認めろ
　　みと

4　こぶとりじいさん

독해문제

1 同じところ：ほっぺたに大きいこぶがあること。
違うところ：一人のおじいさんはこぶのことは
全然気にしていない、優しい人だったが、もう
　ぜんぜん き　　　　　　　　　　　　　　　　　　　やさ
一人のおじいさんは、こぶがとても気になって
いて、いつも怒ってばかりいる意地悪な人だっ
　　　　　　おこ　　　　　　　　　　　　　　い じ わる
たこと。

2 最初は怖かったが、しばらくすると怖さを忘れ
　　さいしょ こわ　　　　　　　　　　　　　　こわ
て踊り出した。
　おど だ

3 おじいさんの踊りが上手だったので、次の日も
来るようにこぶを預かったから。
　　　　　　　　　あず

4 自分も鬼にこぶを取ってもらおうと思い、夜に
　　　　おに　　　　　と
なると森に出かけて行った。
　　　　もり

5 踊りが下手だったから、鬼にもう一つのこぶを
つけられてしまって苦労した。
　　　　　　　　　　　く ろう

연습문제

1 문형

1 ① だろう
② なんか
③ しかたがない
④ ところ

2 ① 行ったところ
② 歴史なんか
　　れき し
③ 楽しいんだろう
④ 食べたくてしかたがない

2 단어의 쓰임새

1 ① 苦労した
② 思い切って
　　おも　き
③ 夜明け
　　よ あ
④ 意地悪な

2 ① 鬼が立ち上がってこちらを見たので、足が
　　た あ
震えました。
ふる
② 日本人たちが楽しそうに話していたので、
思い切って輪の中に入りました。
　　　　　　わ
③ 雨が降っていたので、夜明けまで雨宿りを
　　　　　　　　　　　　　　　　あまやど
しました。
④ 兄から1か月間、子どもを預かりました
　　　　　　　　　　　　　　あず
が、苦労しました。
　　く ろう

회화

① ほっぺた
② ほっぺた
③ 雨宿り
④ 鬼
⑤ 輪
⑥ 思い切って
⑦ 夜明け
⑧ 立ち上がって
⑨ 預かる
⑩ 鬼
⑪ 震えて

5　オノマトペ

독해문제

1 ワンワン、ニャーニャー、ブーブー、コケコッ
コー、ヨチヨチ、トボトボ、ザーザー、ポツポ
ツ、パラパラ、シーン、プリプリなど。

2 他の言語に比べて動詞や副詞の数が少ないから。
　　　　げんご くら　　どうし ふくし かず

3 雨の降る強さや様子をイメージすることができ
　　　　　　　　　　よう す
るから。

4 文字だけでインパクトが出るうえに、その音や
状態をわかりやすく伝えることができるから。

5 自分が聞いた音をそのまま言葉で表現する。

1 문형

1 ① うえ

② も

③ こそ

④ ほど

2 ① 休むほど

② 遅刻したうえ

③ 大変だからこそ

④ なければ

2 단어의 쓰임새

1 ① 特に
② 伝えれば(伝えても)

③ 表して

④ 比べて

2 ① 彼の作る音楽は、喜びや悲しみなどの人の
感情を表現しています。

② セミが鳴いている声を聞くと、夏が来たと
思います。

③ 先月仕事を辞めてから、ずっと働いていな
い状態です。

④ 割れたガラスを踏まないように気をつけて
ください。

① 鳴いている

② 他の

③ 比べる

④ 表して

⑤ 違えば

⑥ 知れば知るほど

⑦ からこそ

⑧ 表現できる

6 お盆

1 鎌倉時代になると、お盆が人々に広まった。

2 7月15日は農作業で忙しいので、1か月遅れた
8月15日ごろに行われるようになった。

3 明るくしておけば、先祖が道に迷わずに帰って
来られるに違いないと考えるから。

4 家族や親戚の人々が集まって、亡くなった人たち
のことを思い出しながら、いろいろな話をする。

5 広場や公園に集まって「盆踊り」をしたり、紙で
作った小さい船を川に流す「灯ろう流し」をした
り、「花火大会」をしたりする。

1 문형

1 ① 違いない

② からは

③ すると

④ かかわりなく

2 ① 年齢や性別にかかわりなく

② 泣いたに違いない

③ 引っ越してからは

④ 貯金できるとすると

2 단어의 쓰임새

1 ① なぐさめる

② 農作業

③ お墓

④ 亡くなった

2 ① お盆の行事は仏教と関係があると言われて
いる。

② 先祖の霊を家に迎える行事は、さまざまな
国で行われている。

③ 準備するものは地域によって違うが、きゅ
うりやナスなどの野菜がよく使われる。

④ 身分や年齢に関係なく(身分や年齢にかか
わりなく)、交流できる時代になった。

① お盆

② 親戚

③ 行事

④ 先祖

⑤ 線香

⑥ ろうそく

⑦ お墓

⑧ 地域

⑨ 玄関

⑩ なぐさめられ

7 ひな祭り

1 女の子が元気に大きくなり、幸せになるように
願う日。

2 ひな人形は平安時代の天皇の結婚式を表したも
ので、男びな、女びな、宮殿で働く人たちの人
形がある。

3 マンションのような小さい家が増えたため、ひ
な人形を飾ろうとしても、狭くて飾りようがな
いから。

4 桃色、白、緑の三色のもち。それぞれ魔よけ、
清らかさ、健康を表す。

5 女の子から人形に移った悪いことが、また戻っ
てきてしまわないようにするため。

1 문형

1 ① わけではない

② しても

③ ようがない

④ 対して

2 ① 悲しむとしても

② 参加しなければならないわけではない

③ お年寄りに対して

④ 作りようがない

2 단어의 쓰임새

1 ① 代表的な

② 敷いて

③ 願い

④ お守り

2 ① 桃の花が咲くと、春を感じる。

② 祝日は昔からの伝統や習慣を感じられる日
だ。

③ この料理には、エビやレンコンや卵など、
縁起のよい食材が使われている。

④ 昔の人は、人形に悪いことを移して、悪い
ことから子どもを守ってもらおうと考えた。

① 桃

② 食材

③ のせて

④ 桃色

⑤ 感じる

⑥ 魔よけ

⑦ 清らかさ

⑧ 年中行事

⑨ 願い

⑩ 布

8 おひとりさま文化

독해문제

1 一緒に食事をする人がいても、それぞれが自分専用の料理を食べること、あるいは一人で食事をすること。

2 昔の日本では、大皿の料理を分けて食べるよりも、一人分ずつの料理を用意することが多く、この伝統が現代の「個食」文化につながっていると考えられる。

3 個室や仕切り、コンセントやWi-Fiを用意している。

4 一人で映画館、カラオケ、買い物、スポーツジムに行ったり、「おひとりさまツアー」や「ソロキャンプ」をしたりして楽しんでいる。

5 今後も大切なライフスタイルの一つとして続いていくだろうと言っている。

연습문제

1 문형

  1 ① ほど
  　② から
  　③ うち
  　④ もちろん

  2 ① 留学するからには
  　② 食べれば食べるほど
  　③ 静かなうちに
  　④ 韓国はもちろん

2 단어의 쓰임새

  1 ① 認めた
  　② 広がっ
  　③ つながっ
  　④ 一般的

  2 ① 韓国では、大皿にのせた料理を分けて食べるが、日本ではそれぞれ自分専用の皿で食べることが多い。

② 最近は、個室や仕切りを用意して、一人客を迎える店が増えている。

③ 一人の時間を自分のペースでゆっくり楽しむことは、大切なライフスタイルの一つだ。

④ 都市部を中心に、新しいレジャーやレストランが注目されている。

회화

① 焼肉
② 専用の
③ 仕切り
④ 個食
⑤ ソロ
⑥ ツアー
⑦ 都市部
⑧ 回転
⑨ 広がって
⑩ 積極的に

9 ことわざ

독해문제

1 生活の中で役立つアドバイスや考え方を伝えるもの。

2 遠回りでも安全な道を選べば、結局は早く目的地に着き、成功につながることを教えることわざ。

3 人は結局、目に美しい物より、役に立つ物を選ぶことを表している。

4 人間関係の大切さをわかりやすく伝えることわざ。

5 日本語の表現力が高まるだけでなく、日本人の考え方や文化も理解できるようになると言っている。

1 문형

1 ① きれない

② とか、とか

③ といっても

④ ことは

2 ① 買うことは買った

② 暑いといっても

③ 台所の広さとか駅までの距離とか

④ やりきる

2 단어의 쓰임새

1 ① 高まっ

② 役立つ

③ 楽しみにし

④ 選ん

2 ① ことわざの特徴は、短い言葉の中に深い意味があることだ。

② 世の中にはさまざまな人がいるが、どんな時でも助け合いが大切だ。

③ 学校からの帰りに遠回りをしたら、日常とは違う景色が見られた。

④ 趣味と勉強を同時に進めるとどちらも成功するのは難しい。

회화

① 仲間

② 道連れ

③ 情け

④ 助け合い

⑤ 世の中

⑥ 思いやり

⑦ 人間関係

⑧ 理解できる

⑨ 結局

⑩ 団子

10 食文化

독해문제

1 国によって料理に使う素材や味つけ、盛りつけや料理の方法もさまざまだから。

2 昔は、刺身や納豆は、外国人にはあまり受け入れられなかったようだ。しかし、今では、世界中にすしレストランが増え、海外のスーパーで納豆を手に入れられる機会も多くなった。

3 ラーメン、カレーライス、カリフォルニアロール。

4 ご飯を左、みそ汁を右に置き、その前に箸を横にして置くこと。食べる時は器を手に持って、箸で食べること。

5 料理や食事のマナーを知ることは、その国の文化を知ることだから。言語だけでなく、文化を知ってはじめて、その国のことを本当に理解できるから。

연습문제

1 문형

1 ① では

② もとに

③ はじめて

④ とは

2 ① 事件をもとに

② 熱では

③ 幸せとは限らない

④ 出会ってはじめて

2 단어의 쓰임새

1 ① 通じる

② 楽しみ

③ なめ

④ 受け入れられ

2 ① ホームページに書いてある方法をよく読んで、予約してください。

② 人の目を見て正直に話せば気持ちは伝わっ

ます。

③ 失礼な人だと思われないように、しっかり
マナーを勉強しましょう。

④ 箸で器を引き寄せないで(引き寄せず)、手で
器を持って食べてください。

회화

① 味つけ
② 盛りつけ
③ 失礼な
④ 注意されてはじめて
⑤ マナー
⑥ 通じるとは
⑦ 和食
⑧ アレンジされて
⑨ もとに
⑩ コミュニケーション

11 日本の行事

독해문제

1 多くの魚が滝を登ろうとした時に、コイだけが
登りきって竜になったという中国の昔話がある
から。

2 七夕は織姫と彦星が一年に一度だけ会える日
で、人々の願いもかなえてくれるという伝説が
あるから。

3 ススキの葉や団子などを置き、みんなで食事や
お酒を楽しみながらきれいな月を見る行事。

4 新しい年を祝い、お世話になった人に年賀状を
出したり、子どもにお年玉をあげたり、初もう
でに行ったりする。

5 みんなで楽しみながら、健康や幸福を願うために
するもの。

연습문제

1 문형

1 ① いうのは
② かけて
③ 通して
④ して

2 ① 学校生活を通して
② きっかけにして
③ 幸運というのは
④ 夏にかけて

2 단어의 쓰임새

1 ① 祝って
② 飾られ
③ 登ろう
④ 迎えよう

2 ① あきらめなければ、夢は必ずかなえられます。

② 去年の夏に種をまいたので、もうすぐ花が
咲くでしょう。

③ ここで転ぶと３年で死んでしまうという伝
説があります。

④ 夏を迎える前に、エアコンの掃除をした方
がいいです。

회화

① 幸せ
② 飾る
③ モデルにして
④ 登りきった
⑤ 昔話
⑥ たんざく
⑦ というのは
⑧ かなえてくれる
⑨ 伝説

독해문제

1 1913年に兵庫県宝塚市で作られた。

2 兵庫県の宝塚大劇場と東京都の東京宝塚劇場が
あり、ほとんどの作品はどちらの劇場でも見ら
れる。

3 人気ばかりでなく、実力、容姿、スター性など
を持っており、その組の舞台の主役を演じ続け
るから。

4 歌やダンスばかりでなく、華やかな衣装や豪華
な舞台装置でも有名である。

5 宝塚音楽学校で2年間、声楽、バレエ、タップ
ダンス、演劇などの技術ばかりでなく、礼儀、
マナーなどの教育も受けなくてはならない。

연습문제

1 문형

  1 ① かわり

    ② ばかり

    ③ しか

    ④ 最中

  2 ① 日本ばかりでなく

    ② 勉強している最中

    ③ 水のかわりに

    ④ 行くしかなかった

2 단어의 쓰임새

  1 ① 演じる

    ② 現れ

    ③ 感動し

    ④ 驚い

  2 ① この美術館は、100年以上前に建てられ
た歴史のある建物です。

    ② 彼女は子どものころからバレエとタップダ
ンスを習っていたので、ダンスが上手です。

③ 努力しないで(努力せずに)夢がかなえられ
ると思ってはいけません。

④ いくら容姿がよくても、礼儀がなければ、
社会で成功することはできません。

회화

① 女性だけ

② 劇場

③ 衣装

④ 華やか

⑤ 役

⑥ 演じる

⑦ 見ている最中

⑧ 驚いちゃった

⑨ 厳しい

⑩ 見るかわりに

13 ハロウィン

독해문제

1 東京ディズニーランドやユニバーサル・スタジ
オ・ジャパンでハロウィンイベントが行われた
おかげで、ハロウィンが広まった。

2 日本では、90年代の初めから、すでにアニメ・
ゲーム・まんがなどのキャラクターになりきる
コスプレ文化が広まっていたから。

3 渋谷では、毎年10月31日の夜にDJポリスとい
う警察官がマイクで人々を誘導しなければなら
ないほど、混雑して危険だったから。

4 仮装イベントを昼間に行ったり、オンラインで
楽しんだり、30代の親とその子どもが参加で
きるイベントも増えたりしている。

5 マナーを守って安全に楽しむこと。

1 문형

1 ① はず
② 反面
　はんめん
③ から
④ おかげ

2 ① 言うはずがない
② 努力したおかげで
　どりょく
③ 仲がよい反面
　なか
④ 多いことから(多かったことから)

2 단어의 쓰임새

1 ① 普及
　ふきゅう
② 発展し
　はってん
③ 発信する
　はっしん
④ 高め
　たか

2 ① 悪い霊を追い出す祭りは、いろいろな国に
　　れい　お　だ　まつ
ある。
② 衣装を準備するのは大変だが、仮装をして
　い しょう じゅん び　　　　　　　　か そう
他のキャラクターになりきるのは楽しい。
③ 日本にはコスプレ文化があったので、仮装
　　　　　　　　　　　ぶん か
も自然に受け入れられた。
　　し ぜん　う　い
④ 街が混雑したので、警察官がイベントに参
　　　こんざつ　　　　けいさつかん　　　　　　　　さん
加した人を駅まで誘導した。
か　　　　　　　　　ゆうどう

① イベント
② 参加
③ 仮装
④ なりきった
⑤ 自然に
⑥ 受け入れられる
⑦ 抵抗
　ていこう
⑧ 衣装
⑨ 発信し
⑩ 守る
　まも

---

14 名前

1 地名や職業、風景など。
　ち めい　しょくぎょう　ふうけい

2 女性の名前には「子」が付くことが多く、男性は「
　　　　　　　　　　っ
正一」「茂」など、年号や歴代の首相に由来するも
しょういち　しげる　　　　ねんごう　れきだい　しゅしょう　ゆ らい
のが多かった。

3 「そら」「あおい」「ひなた」のように、性別に関係
　　　　　　　　　　　　　　　　　せいべつ　かんけい
なく通用する名前。
　つうよう

4 戸籍に記載する氏名のフリガナが、氏名として
　こ せき　き さい　　し めい　　　　　　し めい
用いられる文字の読み方として一般に認められ
もち　　　　　も じ　よ　かた　　　いっぱん　みと
ているものでなければならないというルール。

5 フリガナが名前の漢字と関係ない読み方だと、読
めない名前が増える一方になってしまうから。
　ふ　　　いっぽう

1 문형

1 ① 一方
② とのこと
③ ほしい
④ かわって

2 ① 戻ってほしい
　もど
② 先生にかわって
③ 悪くなる一方
④ 降り続くとのこと
　ふ　つづ

2 단어의 쓰임새

1 ① 歴代
② 価値
　か ち
③ 傾向
　けいこう
④ 制度
　せい ど

2 ① テーブルごとに配られたプリントを見てく
　　　　　　　　　くば
ださい。
② 友達は私を本名のかわりに(本名にかわっ
　　　　　　ほんめい
て)ニックネームで呼びます。
③ この森には数百種の鳥が住んでいます。
　　もり　　すうひゃくしゅ

④ 彼女の作品は多くの専門家たちに認められました。

① 初対面
② 由来している
③ ルーツだろうとのこと
④ 響き
⑤ フルネーム
⑥ 付けてほしかった
⑦ ジェンダーレス
⑧ 一目で
⑨ 減る一方
⑩ 通用する

15 職人文化

1 一つの技術を長い時間をかけて学び、高い技術を身につけた人のこと。

2 ただ物を作るだけではなく、作品や技術を次の世代につなぎ、伝統文化を守る役割。

3 師匠の仕事を手伝いながら、少しずつ技術を学ぶ。

4 子どもが減り、職業の選択肢が増えたことで、後継者不足になったから。また、消費者が安くて簡単に手に入る品物を選ぶようになったので、需要不足になったから。

5 メディアや観光などを通じて世界に広がっている。

1 문형

1 ① ことになる
　② とって
　③ 通じて
　④ つれて

2 ① 一人暮らしの老人にとって
　② 暑くなるにつれて
　③ 大学の友達を通じて
　④ 習ったことになる

2 단어의 쓰임새

1 ① 染め
　② 回して
　③ 真似する
　④ 継い

2 ① 彼は料理の技術を身につけて有名な料理人になった。

　② 消費者の需要を調べて、新しい製品を開発した。

　③ 貴重な資料が図書館に保存されている。

　④ 子どもによい教育を受けさせたいと考える(思う)のは、親として当たり前のことだ。

① 職人
② 弟子
③ こね
④ 回し
⑤ 伝統
⑥ 後継者
⑦ 継ぐ
⑧ 貴重な
⑨ 当たり前
⑩ 新鮮

1 親には子どもを学校に行かせる義務があるとい
うこと。

2 学習が遅れている子どもや、感情のコントロー
ルが苦手な子どものために、それぞれに合った
授業が行われている。

3 子どものうちから塾に通わせたり、受験対策を
したり、ときには学校の近くに引っ越しまでし
たりする。

4 日本の大学入試が厳しいから。エスカレーター
式の学校なら、一度入学すると、試験を受けず
に上の学校に進めるから。

5 すべての子どもが安心して公平に学べる制度づ
くりを考えていくこと。

1 문형

1 ① ざるをえない
　② でさえ
　③ までして
　④ となると

2 ① くだものでさえ
　② そんなことまでして
　③ 中止せざるをえない
　④ 留学するとなると

2 단어의 쓰임새

1 ① 義務
　② 障害
　③ 競争
　④ 対策

2 ① 彼は大学4年間の学費をすべて自分で払い
ました。

　② あの国立美術館は無料で入場できます。

③ 10歳のときから受験のために塾に通い始
めました。

④ さまざまな人々が公平に社会に参加できる
ような制度を作りたいです。

① 受験
② 競争
③ 塾
④ ストレス
⑤ 睡眠
⑥ そこまでして
⑦ 入試
⑧ エスカレーター式
⑨ となると
⑩ 休まざるをえない

1 裸で一緒に入ることで、立場や身分の違いを忘
れて、同じ人間として交流できると考えられて
いたから。

2 裸で一緒に入ると、お互いの心も隠さないで、
素直に接することができるという意味。

3 昔は、病気を治すために温泉を利用する人が多
くいた。

4 草津温泉は、お湯がとても熱いので、お湯の温
度を下げるために行われる。

5 炭酸のお湯は体を温め、疲れをとったり、鉄の
お湯は血液の流れをよくしたりする働きがある。

1 문형

1 ① 関する
　② しても

③ 基づく
　　もと
④ わけがない

2 ① 間に合うわけがない
　　　ま　あ
② 料理に関する
　　　　　かん
③ 事実に基づく
　　じ じつ　もと
④ 怒っているにしても
　　おこ

2 단어의 쓰임새

1 ① いやす

② 隠し
　　かく
③ 含まれ
　　ふく
④ 治った
　　なお

2 ① 外国を旅行すると、習慣や文化の違いに驚
　　　　　　　　　しゅうかん　ぶん か　ちが　おどろ
くことが多い。

② 立場や身分の違いに関係なく(かかわりな
　　たち ば　み ぶん　　　　かんけい
く)、だれとでも交流したい。
　　　　　　　　こうりゅう

③ 人間関係を深めるためには、思ったことを
　　にんげんかんけい　ふか
素直に話すことが大切だ。
すなお

④ 血液の流れがよくなると、疲れがとれるこ
　　けつえき　なが　　　　　　　　　つか
とが科学的に証明されている。
　　か がくてき　しょうめい

① 疲れ

② いやされる

③ 成分
　　せいぶん
④ 効果
　　こう か
⑤ 量
　　りょう
⑥ 種類
　　しゅるい
⑦ 大分県
　　おおいたけん
⑧ 地獄
　　じ ごく
⑨ 温度
　　おん ど
⑩ 利用
　　り よう

18 就職活動

1 大学3年生から4年生の秋ごろまで。

2 現在のように学生が自分で自由に企業を選んで
　　げんざい　　　　　　　　　　　じ ゆう　き ぎょう　えら
就活することが一般的になった。
しゅうかつ　　　　　いっぱんてき

3 希望する会社の説明を聞くついでに他の会社の
　　き ぼう　　　　　せつめい
説明を聞くことができること。
せつめい

短時間で多くの企業を知れるし、新しい会社に
たん じ かん　　　　き ぎょう
も出会えること。
で あ

4 インターンシップは学生に企業を知ってもらう
ことが目的なので、給料が支払われない場合も
　　もくてき　　　きゅうりょう　し はら　　　ば あい
多いこと。

5 「自分は何がしたいのか」「自分にどんな会社が合
うのか」「どのように生きたいか」など、自分の人
　　　　　　　　　い　　　　　　　　　　　じん
生をじっくり考えることができる。
せい　　　　　かんが

1 문형

1 ① あげく

② ついでに

③ のみならず

④ 伴って
　　とも
2 ① 引っ越しに伴って
　　　ひ こ
② 図書館に行くついでに

③ したあげく

④ 参加するのみならず
　　さん か

2 단어의 쓰임새

1 ① 特徴
　　とくちょう
② 実際に
　　じっさい
③ 効率的
　　こうりつてき
④ じっくり

2 ① この地域だけの独特な文化がまだ残ってい
　　　ち いき　　　どくとく　　　　　　の こ
ることに、驚きました。

② そのグループは、各自の個性に合った衣装
　　　　　　　　　かく じ　こ せい　　　　い しょう
を着ています。

③ この博物館には、昔の人々の生活を実際に
体験できるプログラムがあります。

④ 人の意見を批判するのみならず、自分の意
見も言わなくてはならない。

① 悩んだあげく
② ようやく
③ 企業
④ 驚いちゃった
⑤ 効率的
⑥ ついでに
⑦ インターンシップ
⑧ 実際に
⑨ 適性
⑩ じっくり

19 年号

1 年号とは、ある天皇が即位したときに始まる時
代の名前。たとえば、平成や令和など。

2 日本では、カレンダーを見るとき、西暦と年号
の両方を使うことがある。また、役所や銀行の
手続きなどでは、今でも年号を書くことが多い
から。

3 日本で最初に使われた年号は「大化」だった。

4 「美しい春に、人々が心を寄せ合い、穏やかで平
和に暮らす」という願いが込められている。

5 文学や映画、歌などでもよく使われる。

1 문형

1 ① よると
② 限らず
③ 以来
④ かぎり

2 ① 入学して以来
② リンゴに限らず
③ 終わらないかぎり
④ 報告書によると

2 단어의 쓰임새

1 ① 登場し
② 結びつい
③ やわらい
④ 寄せ合っ

2 ① 初春になって、寒さがやわらいだ。

② 平和でなごやかに暮らしたいという願い
は、どこの国の人も同じだろう。

③ 文学作品には、それが書かれた時代の流行
が登場する。

④ この場所は、子どものころに友達と遊んだ
思い出と結びついている。

① 歴史
② 令和
③ 平成
④ 即位する
⑤ 仕組み
⑥ 伝わった
⑦ 役所
⑧ 結びついている
⑨ 込められている
⑩ 穏やか

독해문제

1 地域ごとに異なる多様な歴史や文化があること。

2 伝統的な町の景色を守るため。

3 うどんの歴史や文化、うどんの食べ方や注文の
しかたなど。

4 松山市の観光名所をめぐる路面電車。
100年以上前に走っていた機関車をモデルにし
た路面電車。

5 有名な都市を訪れるだけでなく、地方のおもし
ろい観光地にも目を向けること。

연습문제

1 문형

1 ① こそ

② つつある

③ といえば

④ といった

2 ① 扇風機やエアコンといった

② この場所こそ

③ 内藤さんといえば

④ 忘れつつある

2 단어의 쓰임새

1 ① 宝石

② 決まり

③ 雰囲気

④ きっかけ

2 ① この島国は暖かいのでくだものがよく育ち
ます。

② 夏といえば、海や花火を思い浮かべます。

③ 彼は30年以上にわたって映画界で活躍した
俳優です。

④ すてきな雰囲気の旅館に泊まり、温泉に入
りました。

회화

① 名物

② お城

③ めぐって

④ 雰囲気

⑤ 実際に

⑥ といえば

⑦ 夜景

⑧ してこそ

⑨ まったく

⑩ きっかけ